MehrWert aus dem Netz?

Information – Auswertung – Überwachung

Wie das Internet für jeden von uns arbeitet!

Dirk Stähler

Alle in diesem Buch enthaltenen Informationen, Verfahren und Darstellungen wurden nach bestem Wissen zusammengestellt und mit Sorgfalt überprüft. Dennoch sind Fehler nicht ganz auszuschließen. Aus diesem Grund sind die im vorliegenden Buch enthaltenen Informationen mit keiner Verpflichtung oder Garantie irgendeiner Art verbunden. Der Autor übernimmt keine juristische Verantwortung und es wird keine daraus folgende oder sonstige Haftung übernommen, die auf irgendeine Art aus der Benutzung dieser Informationen – oder Teilen davon – entsteht.

Bei allen in diesem Buch angegebenen externen Webseiten handelt es sich stets um „lebende" (dynamische) Verweise, auf deren Inhalt der Autor keinen Einfluss hat und für den aus diesem Grund keine Gewähr übernommen wird. Für die Inhalte und Richtigkeit der Informationen ist der jeweilige Anbieter der Webseite verantwortlich. Als die Verweise aufgenommen wurden, waren für den Autor keine Rechtsverstöße erkennbar. Sollte eine Rechtsverletzung bekannt werden, wird die jeweilige Verknüpfung in der Nachauflage umgehend entfernt.

Ebenso übernimmt der Autor keine Gewähr dafür, dass die beschriebenen Verfahren bzw. vorgestellten Werkzeuge usw. frei von Schutzrechten Dritter sind. Die Wiedergabe von Gebrauchsnamen, Handelsnamen, Warenbezeichnungen usw. in diesem Buch berechtigt deshalb auch ohne besondere Kennzeichnung nicht zu der Annahme, dass solche Namen im Sinne der Warenzeichen- und Markenschutz-Gesetzgebung als frei zu betrachten wären und daher von jedermann benutzt werden dürfen. Weiterhin kann aufgrund der Schnelllebigkeit des Internets nicht gewährleistet werden, dass alle vorgestellten Werkzeuge und Verfahren jederzeit und langfristig zur Verfügung stehen. Grundsätzlich ist bei der Verwendung aller vorgestellten Werkzeuge und Verfahren auf die Bedingungen zur Nutzung fremder Webseiten und deren Inhalte zu achten.

Die Deutsche Nationalbibliothek verzeichnet diese Publikation in der Deutschen Nationalbibliographie.

© 2014 Dirk Stähler, Kleine Bergstrasse 11, 51643 Gummersbach
Lektorat: Solveyg Blanke - www.text-passage.de
Piktogramme genehmigt von Alexander Kahlkopf – www.iconmonstr.com

ISBN-10: 1494846004
ISBN-13: 978-1494846008

Information – Auswertung – Überwachung

Erfahren Sie, wie Sie die Inhalte des Internets
besser nutzen und
das Netz für sich arbeiten lassen.

Finden Sie heraus,
welche Gefahren die neuen Möglichkeiten
für Ihre Privatsphäre bedeuten.

Über den Autor

Dirk Stähler befasst sich seit vielen Jahren mit der innovativen Gestaltung von Organisationen, Prozessen und IT-Systemen. Er unterstützt privatwirtschaftliche Unternehmen und öffentliche Verwaltungen in Europa, dem Mittleren Osten und Nordamerika dabei, MehrWert durch die kreative Nutzung ihrer Informationstechnologie zu gewinnen. Ein besonderes Augenmerk seiner Arbeit liegt auf den Chancen und Risiken, die sich aus der Verwertung öffentlich verfügbarer Inhalte des Internets ergeben. Die „Wissensmaschine" Internet und den Wert ihrer Inhalte für jeden zugänglich zu machen, ist sein erklärtes Ziel. Er tritt regelmäßig als Autor von Fachbüchern und Artikeln rund um die methodischen und technologischen Herausforderungen einer modernen Informationstechnologie in Erscheinung. Neben seiner Arbeit als Autor spricht er – gerne auch kritisch – auf nationalen und internationalen Konferenzen.

Weiterführende Information zum Autor und zum Buch finden Sie unter:

www.magaseen.de

Vorwort

Am 12. September 2013 erlaubte das Online-Buchungssystem von United Airlines für eine Stunde, viele Flüge für null US-Dollar zu buchen. Lediglich Steuern und Gebühren wurden berechnet. Ursache war ein Fehler, der bei der Eingabe neuer Preise in das Computersystem entstanden war. Die Nachricht über das „Sonderangebot" verbreitete sich in kürzester Zeit auf Twitter und Facebook. 15 Minuten reichten aus, um die Anzahl der online ausgeführten Buchungen auf der Webseite dramatisch ansteigen zu lassen und bei den verantwortlichen Mitarbeitern im Rechenzentrum Alarm auszulösen. Sofort wurde die gesamte Webseite für einige Stunden abgeschaltet. Als sie am Nachmittag des 12. September wieder aufrufbar war, konnten ihre Besucher die extrem günstigen Preise selbstverständlich nicht mehr nutzen.

Haben Sie auch eines der günstigen Tickets gebucht? Nein? Hätten Sie es gemacht, wenn Sie davon gewusst hätten? Wäre es nicht toll gewesen, das Netz hätte Sie rechtzeitig und automatisch über diese Gelegenheit informiert? Ihr nächster USA-Urlaub wäre deutlich preiswerter geworden. Genaue Zahlen, wie viele Tickets zu diesen günstigen Konditionen verkauft wurden, veröffentlichte das Unternehmen nicht. In einer Erklärung am Tag darauf gab die Airline aber bekannt, alle Buchungen zu akzeptieren.

Solche und ähnliche Situationen wie bei United Airlines treten im Internet immer wieder auf. Allerdings sind nur wenige Nutzer in der Lage, davon zu profitieren. Denn es ist schwierig, zur richtigen Zeit genau am richtigen „Online-Ort" zu sein und über die richtigen Informationen zu verfügen, die uns einen individuellen Vorteil bringen. Wir können nicht jederzeit das Netz im Auge behalten. Oder vielleicht doch, zumindest zum Teil?

Und genau hier setzt das vorliegende Buch an: Es erklärt aktuelle Entwicklungen rund um die Verwertung der Inhalte im Internet und hilft, das Netz optimal zu nutzen. Auch wenn ich Ihnen keinen Flug zum Nulltarif organisieren kann, so verrate ich beispielsweise in Kapitel 2, warum eine Reise nach Hawaii mithilfe des Internets besonders preiswert organisiert werden kann.

Heutzutage ist jedem klar, dass das Netz eine zentrale Stellung als wichtige Quelle für Informationen und Recherchen in unserem Leben eingenommen hat. Und das betrifft die verschiedensten Bereiche: beginnend bei Nachrichten zu täglichen Ereignissen, über den Einkauf von Produkten und Dienstleistungen bis zur Bewertung und Überwachung von Menschen. Zu Beginn der Arbeiten an diesem Buch war noch nicht bekannt, dass die SCHUFA anhand von öffentlichen Facebook-Profilen eine Bewertung der Kreditwürdigkeit deutscher Internetnutzer plante, das Projekt unter öffentlichem Protest später aber wieder einstellte. Auch hatten die Enthüllungen von Edward Snowden noch keine Diskussion über die weltweite Auswertung des Internet-Verkehrs durch Geheimdienste ausgelöst. Beide Fälle machen deutlich, welche zentrale Rolle mehr oder weniger frei im Netz zugängliche Inhalte heute spielen. Egal ob wir günstige Produkte und Dienstleistungen suchen oder Menschen überwachen: Ohne Zugang zu den umfangreichen Inhalten im Netz wäre beides nur schwer möglich. Damit hat das Netz – oder besser–: haben seine Inhalte einen immensen Einfluss auf unser tägliches Leben gewonnen. Ist es nicht wünschenswert, dass jeder diesen Einfluss optimal für sich nutzt?

Diese Gelegenheit bietet das moderne World Wide Web heute jedem. Voraussetzung ist nur, dass die entsprechenden Quellen und Werkzeuge für die Verwertung der Inhalte im Netz bekannt sind. Das World Wide Web hat eine lange Entwicklung hinter sich: ausgehend von der ersten Phase, in dem das Netz nicht mehr war als eine Sammlung von Inhalten, vergleichbar mit einer Bibliothek, in der nur gezielt etwas nachgeschlagen werden konnte, über eine Phase der aktiven Beteiligung der Nutzer bei der Erstellung und Veränderung von Inhalten bis zum heute entstehenden „intelligenten und mitdenkenden" Netz. Seit Längerem arbeiten Spezialisten an dieser neuen Generation des Internets. An einem Netz, dessen Inhalte von Maschinen verstanden werden, das die Inhalte gezielt nach unseren individuellen Fragen hin auswertet und uns aktiv im Alltag unterstützt. Die besondere Herausforderung dabei war es – und ist es immer noch –, dass Maschinen dazu Inhalte im Netz verstehen müssen. Sie müssen in der Lage sein zu unterscheiden, welche Beiträge aus dem Netz uns Nutzer interessieren und welche nicht.

Für Computer eine ganz schön schwierige Aufgabe. Aber es gibt Fortschritte – und was für welche! Im Sommer 2013 wurde jedem von uns deutlich vor Augen geführt, mit welchem Aufwand der US-Geheimdienst NSA an der automatisierten Auswertung des weltweiten Internetverkehrs arbeitet. Die Fähigkeit, das Netz automatisch nach Begriffen zu durchsuchen und in Abhängigkeit von den Ergebnissen bestimmte Schlüsse zu ziehen, bleibt aber nicht auf Geheimdienste beschränkt. Auch normale Anwender sind zunehmend in der Lage, die Inhalte im Netz automatisch auszuwerten und das Netz für sich arbeiten zu lassen. Und immer mehr Menschen machen davon Gebrauch. Das hat einen handfesten finanziellen Grund: Studien zeigen, dass Anwender, die das Netz clever für sich zu nutzen wissen, einen finanziellen Vorteil haben. Studien, wie zum Beispiel „Consumers driving the digital uptake" des IAB Europe zeigen, dass besonders erfahrene Nutzer gegenüber ungeübten Anwendern einen finanziellen Mehrwert von bis zu 1.400 € pro Jahr erzielen. Dieser Vorteil entsteht aus dem Informationsvorsprung durch optimale Nutzung der Inhalte des Netzes. Wo immer möglich, lassen sich erfahrene Anwender automatisch durch das Netz unterstützen. Genau das war für viele Nutzer bisher nicht möglich. Der Grund: Es war einfach zu kompliziert. In Kapitel 3 zeige ich, warum die bisherigen Ansätze nicht funktioniert haben und welcher neue Weg beschritten werden muss, um den Wert der Inhalte des Netzes allen zur Verfügung zu stellen. Ein Weg, den jeder – und wirklich jeder – gehen kann.

Auch für unerfahrene Nutzer ist das eine gute Nachricht. Die ersten Kilometer dieses neuen Weges sind bereits fertig ausgebaut. Wir müssen nur unsere Wanderstiefel anziehen und aufbrechen.

Das vorliegende Buch zeigt Ihnen, wie sich dieser Weg entwickelt hat und wohin er in der nahen Zukunft führt. Es versteht sich als Wegweiser für alle, die mehr Gewinn aus dem Internet ziehen wollen und gibt eine Handlungsempfehlung, wie Inhalte des Netzes durch automatische Sammlung, Aufbereitung, Kombination, Automatisierung und Verteilung besser genutzt werden. In den Kapiteln 4 bis 7 werden dafür wichtige Werkzeuge, die Sie kennen müssen vorgestellt. Es enthält aber keine detaillierten Bedienungsanleitungen einzelner Werkzeuge, denn davon gibt es im Netz bereits genug. Ziel ist es vielmehr die Vorgehensweise zu vermitteln, wie jeder durch geschickte Kombination frei verfügbarer Werkzeuge Inhalte im Netz besser und gewinnbringend für sich nutzen kann. Lassen Sie doch das Internet gezielt nach preiswerten Schnäppchen suchen, die neusten Nachrichten zu einem Unternehmen recherchieren, wiederkehrende Aufgaben bearbeiten und sich bei Bedarf automatisch informieren. Die Werkzeuge dafür sind vorhanden.

Es ist aber auch wichtig, darauf hinzuweisen, welche Auseinandersetzungen im Netz drohen und was bei Missbrauch der neuen Werkzeuge passieren kann. Denn nur wer die Schwachstellen kennt, wird sich gegen mögliche negative Auswirkungen der neuen Form der Internetnutzung schützen können. Kapitel 8 und 9 betrachten die Kämpfe um die Herrschaft über die Inhalte zwischen der alten und neuen Welt im Netz. Sie zeigen Schwachstellen auf, die zu Missbrauch der neuen Freiheiten führen können.

Wir stehen vor einem Wandel in der Nutzung der Inhalte des Netzes. Ein Wandel, der nicht nur Informatiker betrifft. Jeder kann das Wissen im Internet durch Kombination vorhandener Werkzeuge immer einfacher für sich „arbeiten" lassen. Aktuell dreht sich die öffentliche Diskussion stark um die zunehmende Digitalisierung aller Bereiche des täglichen Lebens und die immer mobiler werdende Nutzung des Netzes. Es wird zu wenig über das zentrale Fundament gesprochen, das die Basis für diese Entwicklungen bildet: die Inhalte des World Wide Web und deren zukünftige automatisierte Nutzung durch jeden Anwender. Wem diese Nutzung am besten und schnellsten gelingt, der wird aus der nächsten Phase des Internets am meisten Gewinn ziehen.

Dabei verläuft die Entwicklung im Internet mit enormer Geschwindigkeit. Aus diesem Grund war bereits nach 6 Monaten eine erste Überarbeitung des Buches erforderlich. Um Sie als Leser auch zukünftig zwischen den aktualisierten Ausgaben über Änderungen zu informieren, finden Sie bei jedem vorgestellten Werkzeug einen weiterführenden Link zu einer zusammenfassenden Webseite. Dort haben Sie jederzeit Zugriff auf die neusten Hinweise, die aufgrund der Schnelllebigkeit des Netzes im Buch noch nicht erklärt werden konnten.

Dirk Stähler
Gummersbach, Juli 2014

Mehr darin als erwartet

Der Wert im Netz

Die Anfänge des Internets gehen zurück bis in die sechziger Jahre des vergangenen Jahrhunderts. Seine Entwicklung begann im Rahmen eines Forschungsprogramms der Advanced Research Projects Agency (ARPA), einer Abteilung des US-amerikanischen Verteidigungsministeriums unter dem Namen ARPANET. Bis heute hält sich das Gerücht, das ARPANET wäre speziell für die Kommunikation des amerikanischen Militärs nach einem atomaren Angriff gedacht gewesen. Das war jedoch nicht das primäre Ziel. Vielmehr sollten durch eine landesweite Vernetzung der Computer des Militärs, großer Universitäten und bedeutender Forschungslaboratorien die begrenzten Kapazitäten an Rechenleistung besser genutzt werden. Um die vorhandenen Großrechner miteinander zu verbinden, musste ein übergreifendes Computernetzwerk aufgebaut werden. Dafür war in den siebziger Jahren des vergangenen Jahrhunderts die Entwicklung einer einheitlichen Übertragungstechnik besonders wichtig. Ihr Name: TCP/IP-Protokoll. Das neue Verfahren revolutionierte die Kommunikation zwischen Computern. Mithilfe des TCP/IP-Protokolls war es erstmals möglich, auch unterschiedliche Computernetze weltweit zuverlässig miteinander zu verbinden. Es erlaubte, geographisch verteilte und dennoch zusammenhängende Netzwerkstrukturen aufzubauen. Zu dieser Zeit entstand auch der Name „Internet". Eine Bezeichnung zusammengesetzt aus den Anfangssilben der Wörter „Interconnected Networks".

Bis in die späten achtziger Jahre nutzten das Netz nur Militärs, Forschungseinrichtungen, Universitäten und ein paar IT Enthusiasten. Dennoch war ein Problem bereits offensichtlich: Je mehr Computer miteinander verbunden wurden, umso schwerer wurde es im Netz, etwas zu finden. Das brachte die Studenten Alan Emtage, Peter Deutsch und Bill Heelan im Jahr 1990 an der McGill University dazu, eines der ersten Inhaltsverzeichnisse des Internets zu entwickeln. Die Suchmaschine erhielt den Namen Archie. Archie lieferte zu einer Suche eine Liste von Servern im Netz, auf denen sich möglicherweise passende Inhalte befinden könnten. Der direkte Zugriff auf die Inhalte war mit Archie aber nicht möglich. Es war erforderlich, auf den von Archie gefundenen Computern nachzuschauen, ob die gesuchten Inhalte dort wirklich vorhanden waren.

Das änderte sich mit Veronica, einer im Jahr 1991 von Studenten an der University of Nevada entwickelten Suchmaschine. Veronica erlaubte die Suche und den Aufruf von Dateien auf entfernten Computern, wenn sie in einer für die vorhandene Software verwertbaren Form vorlagen (Battelle 2005). Genau das war aber meistens nicht der Fall. Durch die Möglichkeit, viele kleine Computernetze mithilfe der TCP/IP-Technologie zu verbinden, war ein Gesamtnetz mit unterschiedlichen Technologien und inkompatibler Software entstanden. Die in verschiedenen Teilen des Netzes verwendeten Formate zur Speicherung waren oft nicht kompatibel. Obwohl miteinander verbunden waren die Computer deshalb oft nicht direkt in der Lage, mit gelieferten Daten etwas anzufangen. Das ist vergleichbar mit zwei Personen, die in unterschiedlichen Sprachen telefonieren. Die Leitung steht, man hört sich, versteht aber nicht, was das Gegenüber sagt. Der direkte Zugriff auf die verteilt im Internet gespeicherten Inhalte war aus diesem Grund häufig nicht möglich. Die Frage, wie in verschiedenen digitalen Formaten vorliegende Inhalte auf unterschiedlichen Computersystemen jedem Anwender einfach zugänglich gemacht werden können, war noch nicht beantwortet.

Genau mit diesem Problem hatte sich bereits im Jahr 1980 ein Berater am europäischen Kernforschungszentrum CERN beschäftigt. Sein Name Timothy Berners-Lee. Dort erschwerten unterschiedliche Computersysteme, verschiedene Datenformate und ein permanenter Wechsel der beteiligten Forscher den Austausch und die Auswertung zwischen den Projektteams (Wright 1997). Um Inhalte wenigstens im CERN-Netzwerk einfacher zu finden, entwickelte Timothy Berners-Lee das Werkzeug Enquire. Es war eine Art digitaler Karteikasten, mit dem Dokumente katalogisiert und verknüpft wurden. Zu jedem Dokument konnten Begriffe definiert werden, die zu anderen verbundenen Dokumenten führten. Ein Konzept, das heute jeder als Hyperlink kennt.

Die Idee, Inhalte verschiedener Quellen durch Verweise miteinander zu verbinden, war nicht neu. Bereits 1945 hatte Vannevar Bush einen Vorschlag für eine Maschine, genannt Memex, erarbeitet. Sie sollte ihrem Nutzer Inhalte von Mikrofilmen in einer verknüpften Form präsentieren. Obwohl Memex niemals realisiert wurde, gilt der von Vannevar Bush erstellte Entwurf als erste Beschreibung eines Hypertext-Systems. In den sechziger Jahren des vergangenen Jahrhunderts versuchte Ted Nelson mit dem Projekt Xanadu eine weltweite Bibliothek durch Hyperlinks verknüpfter Dokumente aufzubauen. Auch Xanadu wurde niemals vollständig umgesetzt, lieferte aber für die Entwicklung von Hypertext-Systemen wertvolle konzeptionelle Ideen (Wolf 1995). Bei der Entwicklung von Enquire orientierte sich Timothy Berners-Lee an den Ideen von Bush und Nelson. Obwohl er mit Enquire ein funktionsfähiges Hyperlink-System am CERN realisierte, fand es keine nachhaltige Verbreitung. Die Nutzung war umständlich und erforderte eine aufwendige Wartung. Sobald ein Dokument gelöscht wurde, mussten zum Beispiel alle Verweise auf dieses Dokument aus anderen Quellen entfernt werden. Ungültige Verweise sollten nicht existieren, so dass Verknüpfungen jederzeit zu verfügbaren Dokumenten führten. Allein im Netzwerk des CERN war diese Bedingung zur Sicherung der Konsistenz des Gesamtsystems äußerst schwierig einzuhalten. Doch Timothy Berners-Lee begrenzte seine Überlegungen nicht auf das CERN. Bereits während der Entwicklung von Enquire diskutierte er regelmäßig mit Experten über Hypertext-Systeme. Besonders beschäftigte ihn die Frage, ob ein Hypertext-System auf das damals bereits wachsende Internet ausgedehnt werden könnte? Alle Experten, mit denen er sprach, waren der Meinung, dies sei nicht möglich. Als Grund gaben sie an, dass ein weltweites Hyperlink-System im Internet auf jeden Fall „tote Links" vermeiden müsse. Verknüpfungen auf gelöschte Inhalte dürften nicht existieren (Wright 1997). Um diese Voraussetzung zu realisieren, müsse eine übergeordnete Instanz – ein Clearinghouse – jederzeit die weltweite Konsistenz des Gesamtsystems gewährleisten. Die Einrichtung einer für das gesamte Internet zuständigen Organisation zur Überwachung von Links hielten die Experten aber – zu Recht – für unmöglich. Ihre Schlussfolgerung, dass deshalb auch ein weltweites Hypertext-System unmöglich sei, sollte sich aber als falsch erweisen. Zunächst jedoch erschien es, als würde die Idee eines weltumspannenden Hypertext-Systems eine Vision bleiben. Bis ein simpler Kniff das Problem der „ins Nichts" verweisenden Dokumente löste, mussten noch zehn Jahre vergehen. In der Zwischenzeit benötigte am CERN irgendwann ein Wissenschaftler einen der damals noch teuren Datenträger. Bei der Suche danach muss er genau den erwischt haben, auf dem Enquire gespeichert war. Es lässt sich nicht mehr nachvollziehen, wer, wann und aus welchem Grund Enquire gelöscht hat. Fakt ist, eines Tages war es einfach weg (Palmer & Berners-Lee 2001).

Unabhängig davon machte das Internet bis zum Ende der achtziger Jahre enorme Fortschritte. Obwohl immer noch hauptsächlich von Wissenschaftlern und IT-Enthusiasten genutzt, war der Zugang zum Netz mittlerweile weltweit möglich. Das Problem, Inhalte miteinander zu verknüpfen und mit unterschiedlichen Computersystemen auf sie zuzugreifen, war aber immer noch vorhanden. Erst eine Idee von Timothy Berners-Lee, der Ende der achtziger Jahre wieder an das CERN zurück kehrte, brachte die Lösung. Das Problem ins Nichts verweisender Verknüpfungen in Hypertext-Systemen wurde mit einem einfachen Kniff beseitigt. *„Mir wurde klar, dass dieses Tote-Links-Ding wahrscheinlich ein Problem war, welches wir akzeptieren müssen"*, sagte Timothy Berners-Lee 1997 einem Reporter des Time Magazin (Wright, 1997). Erst wenn es nicht mehr erforderlich ist, in jedem Fall dafür zu sorgen, dass alle Beziehungen von Inhalten im Netz konsistent sind, also immer zu den gewünschten und richtigen Zielen führen, wird es möglich, ein weltweites und ohne zentral kontrollierende Instanz funktionierendes Informationssystem mit Zugang für eine große Menge an Teilnehmern aufzubauen.

Neben der Möglichkeit zur Verknüpfung erforderte ein solches System noch einen einheitlichen Standard für Beschreibung und Austausch der Inhalte zwischen verschiedenen Computersystemen. Timothy Berners-Lee entwickelte daraufhin die zentralen Komponenten des heutigen Internets: eine Sprache zur Beschreibung (HTML), einen Standard zum Austausch (HTTP) und ein Adresssystem für die eindeutige Identifikation von Inhalten im Netz (URL System). Damit erfand er das World Wide Web (WWW).

Ohne es zu ahnen, hatte Timothy Berners-Lee die Grundlagen für eine weltweite Revolution in der Erstellung, Verteilung und Nutzung von Informationen gelegt. Mit seiner Erfindung vereinfachte sich der Zugriff auf das Wissen der Welt. Und genau in diesem Wissen, dass aus der gezielten Verwendung der Inhalte im Internet entsteht, steckt ein unglaublicher Wert. Nicht nur ideell, sondern vor allem auch finanziell. Jedem von uns stehen viele dieser Werte im Internet nahezu kostenfrei zur Verfügung. Es ist nur erforderlich, zuzugreifen und die Inhalte herzunehmen, die für den einzelnen einen Wert besitzen. Der Wert für jeden einzelnen zeigt sich in Erfolg und Entwicklung des WWW zu einem Massenmedium. Um ein Gefühl für seine Bedeutung zu entwickeln, reicht aber die einfache Frage: „Wie groß ist das Internet?" nicht aus. Sie führt direkt zu weiteren Fragen. Was genau ist mit der Größe des Internets gemeint? Die Anzahl der Nutzer? Die Anzahl der mit dem Internet verbundenen Geräte? Die Zahl der verfügbaren Webseiten? Der Umfang der erzeugten und gespeicherten Daten? Die Menge der über das Internet ausgetauschten Daten? – Betrachten wir die Fragen der Reihe nach.

Das Internet in Zahlen

Anzahl der Nutzer im Netz

Im Jahr 2012 nutzten 2,3 Milliarden Menschen das Internet (Internet World Stats 2012). Damit haben bereits mehr als 30 Prozent der Weltbevölkerung Zugang zum Netz. Diese Zahl wird sich in den kommenden Jahren massiv erhöhen. Grund dafür ist die schnelle Verbreitung drahtloser Internetzugänge. Eine UMTS-Funkzelle versorgt mittlerweile bis zu 200 aktive Nutzer gleichzeitig. Für eine vergleichbare Abdeckung mithilfe eines Kabelnetzes müssten entsprechend bis zu 200 Hausanschlüsse gelegt werden. Die Kosten zum Aufbau der Infrastruktur für die mobile Nutzung des Netzes liegen deutlich unter den Kosten für den Ausbau von Kabelnetzen. Verglichen werden kann die Situation mit den Infrastrukturvorteilen des Luftverkehrs gegenüber der Bahn. 3 Kilometer Schiene bringen uns genau 3 Kilometer weit. Drei Kilometer Startbahn bringen uns überall hin. Und die Möglichkeiten für weiteres Wachstum sind noch lange nicht erschöpft. Im Jahr 2011 verfügten 4,3 Milliarden Menschen über einen Mobilfunkanschluss. Davon nutzen nur 824 Millionen das mobile Internet (Accenture 2011). Der Rest sind zukünftige Kunden.

Anzahl mit dem Internet verbundener Geräte

Mit einem nicht ganz legalen Ansatz vermaß im September und Oktober 2012 ein unbekannter Hacker das Internet. Eine auf ungesicherten Computern im Internet platzierte Software ermittelte die Anzahl aktiv genutzter Adressen im Netz. Danach waren in der zweiten Hälfte des Jahres 2012 1,3 Milliarden Adressen im Internet aktiv (Carna 2013). Hinter jeder dieser Adressen steht mindestens ein Gerät mit Zugang zum Internet. In der Realität verbergen sich dahinter oft mehrere Computer, die sich eine öffentliche Adresse teilen. Nehmen Sie als Beispiel einen privaten Internetanschluss. Dieser ist von außen im Netz als eine Adresse erkennbar. Dahinter stehen aber vielleicht ein Desktop- und ein Tablet-Computer, ein Smartphone und ein Laptop. Damit nutzen vier internetfähige Geräte eine Adresse. Unter der Annahme, dass sich im Durchschnitt hinter jeder ermittelten Adresse zwei internetfähige Geräte verbergen, ergibt sich mit 2,6 Milliarden Geräten eine Zahl, die nahe an den geschätzten 2,3 Milliarden Internetnutzern weltweit liegt (Internet World Stats 2012).

Anzahl der Webseiten

Deutlich schwieriger ist die Schätzung der Anzahl im Netz verfügbarer Webseiten. Um diese annähernd zu ermitteln, führt Maurice de Kunder regelmäßig Auswertungen auf Basis eines Index von Suchmaschinen durch. Die Größe des Index einer Suchmaschine, wie zum Beispiel von Google, ermöglicht einen Rückschluss auf die Anzahl der dort erfassten Webseiten. Nach seinen Schätzungen liegt die Anzahl der im Internet von Suchmaschinen erfassten Webseiten in der Größenordnung von 13 bis 45 Milliarden. Für die Berechnungen verwendet er Daten der Suchmaschinen Google und Bing. Täglich sendet er zur Ermittlung seiner Daten standardisierte gleichbleibend formulierte Anfragen an die drei großen Anbieter und wertet die gemeldeten Treffer aus. Die Berechnung der Größe des Index erfolgt anschließend als Kombination der statistischen Häufigkeit von Wörtern innerhalb der Anfragetexte, der Anzahl der zurückgemeldeten Treffer und möglichen Überschneidungen in den Suchergebnissen bei Google und Bing (Kunder 2013). Es ist aber schwierig, aus den Ergebnissen eine genaue Anzahl der im Netz verfügbaren Webseiten zu ermitteln. Zum einen schwanken die Berechnungen stark in Abhängigkeit davon, in welcher Reihenfolge die Ergebnisse der Suchmaschinen ausgewertet werden. Und ein weiterer, nicht zu unterschätzender Einfluss kommt noch hinzu: Von Suchmaschinen nicht erfasste Webseiten bleiben ungezählt.

Umfang der erzeugten und gespeicherten Daten

Noch schwieriger gestaltet sich die Schätzung der jährlich erzeugten und gespeicherten digitalen Inhalte. Das Marktforschungsunternehmen IDC erstellt seit 2007 im Rahmen der „State of the Universe"-Studie eine jährliche Schätzung. Zur Ermittlung nutzen die Analysten vom IDC ein Verfahren der University of California in Berkley. Dabei wird zunächst die Anzahl der Geräte geschätzt, die digitale Inhalte erzeugen oder speichern können. Berücksichtigt werden individuelle Computer, digitale Kameras, Server, Sensoren, Überwachungskameras, RFID-Chips, Bar-Code-Lesegeräte für Verpackungen und vieles mehr. Anschließend wird für jede Geräteklasse geschätzt, welche durchschnittliche Menge an digitalen Informationen pro Jahr durch sie erzeugt wird. Auf diese Weise ergibt sich eine digitale Dichte pro Geräteklasse. Für digitale Kameras ist das zum Beispiel das Produkt aus deren Auflösung, der Anzahl durchschnittlich erstellter Bilder pro Kamera und Jahr und der Anzahl weltweit genutzter digitaler Kameras. Abschließend wird geschätzt, in welchem Umfang diese Daten redundant gespeichert oder kopiert werden (Gantz et al. 2007). Für das Jahr 2011 kommen die Analysten auf eine geschätzte Datenmenge von 1,8 Zettabyte (Gantz & Reinsel 2011). Umgerechnet auf MP3-Dateien reicht das aus, um 3,8 Milliarden Jahre Musik zu hören. Doch nicht alle diese

Daten landen im Internet. Der bei weitem größte Teil digital erzeugter Daten lagert in abgeschlossenen Systemen. Angefangen von der privaten Speicherkarte mit den Fotos des letzten Urlaubs bis zu riesigen Datenbanken bei Unternehmen und öffentlichen Institutionen. Die IDC-Experten konnten aber zeigen, dass die Wachstumsrate der mit digitalen Geräten erzeugten Daten mit dem Wachstum der im Internet transportierten und gespeicherten Daten korreliert. Der Trend zur Vernetzung und Nutzung externer Dienste (zum Beispiel Cloud-Speicher) trägt dazu bei. Die Methodik zur Schätzung des jährlich erzeugten digitalen Datenvolumens basiert jedoch auf vielen Annahmen, weshalb die angegebenen Zahlen mit einer hohen Unsicherheit behaftet sind. Dennoch sind Schätzverfahren, wie das oben aufgeführte Beispiel, die einzige Möglichkeit, zumindest im Ansatz eine Idee von dem jährlich erzeugten Datenvolumen im Internet zu erhalten.

Das sichtbare und unsichtbare Netz

Jede Schätzung zur Größe des Internets wird noch mehr zur Spekulation, wenn neben dem sichtbaren das unsichtbare Netz hinzukommt. Vereinfacht gesprochen handelt es sich bei dem sichtbaren Netz um die Teile des Internets, die ohne besondere Anstrengungen erreicht werden können. Computer im sichtbaren Teil des Internet verfügen über eine öffentlich zugängliche Adresse und reagieren, wenn sie angesprochen werden. Die öffentliche Adresse der im Netz erreichbaren Computer funktioniert wie eine bei der Auskunft gemeldete Telefonnummer. Wer ausreichend genaue Informationen über einen Teilnehmer geben kann, erhält von der Auskunft die zugehörige Telefonnummer. Es sei denn, es handelt sich um eine Geheimnummer. Mit Computern im sichtbaren Netz verhält es sich genauso. Wer in Suchmaschinen, der Auskunft des Internets, ausreichend genaue Informationen zu gesuchten Inhalten gibt, erhält als Antwort einen Verweis auf den zugehörigen Computer, der diese Inhalte speichert. Das muss nicht zwingend bedeuten, dass der Versuch, Daten von diesem Computer zu beziehen, erfolgreich ist. So wie nicht jeder willkürlich angerufene Mensch bereit ist, ein Telefongespräch zu führen, antwortet auch nicht jeder sichtbare Computer auf eine Anfrage. Die Studie „Census and survey of the visible Internet" der University of Southern California ermittelte für das Jahr 2008 rund 60 Millionen stabil im Internet erreichbare Server (Heidemann et al. 2008). Diese Computer werden von Suchmaschinen gefunden. Ihre Inhalte können, wenn die angesprochenen Rechner es zulassen, in den Index einer Suchmaschine aufgenommen werden und tauchen in den Suchergebnissen von Google und Co. auf.

Neben dem sichtbaren und von Suchmaschinen erfassten Internet existiert aber noch ein weiteres unsichtbares, als dunkles oder Deep-Net bezeichnetes Netz. Verglichen mit dem Telefonnetz sind es die Anschlüsse mit „Geheimnummer". Dort verbergen sich Inhalte, die nicht von Suchmaschinen berücksichtigt werden und in deren Trefferlisten auch nicht auftauchen. Die Gründe dafür sind vielfältig. Es kann sich um nicht verknüpfte Internetseiten handeln, auf die von keiner anderen Seite im Netz verwiesen wird. Das ist ungewöhnlich, kann aber vorkommen. Da heute die meisten Suchmaschinen das Internet über Links von anderen Webseiten katalogisieren, werden nicht verknüpfte Webseiten auch nicht gefunden. Ebenfalls zum unsichtbaren Netz zählen Webseiten, deren Server im Netz erkennbar sind, die den Zugang zu ihren Inhalten aber über Schutzmechanismen verhindern. Das können zum Beispiel besondere Kennzeichnungen sein, die Suchmaschinen veranlassen, abgelegte Inhalte nicht zu erfassen. Einen hohen Anteil an den Inhalten im unsichtbaren Netz haben auch dynamisch erstellte Webseiten. Sie werden individuell für einen Nutzer in dem Moment erzeugt, in dem er mit seinem Browser eine Anfrage an einen Server sendet. Zum Beispiel erzeugt die Suche nach einem Produkt auf einer Webseite für Preisvergleiche eine individuelle Webseite mit den gewünschten Ergebnissen zum gesuchten Produkt. Die entstehenden Seiten sind temporär, existieren nur eine kurze Zeit und können deshalb auch durch Suchmaschinen nur schwer erfasst werden. Eric Schmidt, Executive Chairman von Google, äußerte sich 2005 auf der National Advertisers Association Conference zum Größenverhältnis zwischen sichtbarem und unsichtbarem Netz. Die von Google bis bislang gesammelten Daten ließen den Schluss zu, so Schmidt, dass das Internet eine Größe von rund 5 Millionen Terabytes habe. Google erfasste 2005 davon nur 170 Terabytes (Plesu 2005). Wenn Eric Schmidts Schätzung zutreffend war, hätte selbst Google zum damaligen Zeitpunkt weniger als 0,004 Prozent des gesamten Netzes in seiner Datenbank erfasst. Eine bessere Zahl als die Schätzung von Eric Schmidt aus dem Jahr 2005 haben wir derzeit nicht.

Menge der ausgetauschten Daten

Ähnlich schwierig ist die Ermittlung der Menge über das Internet transportierter digitaler Daten. Der Netzwerkausrüster Cisco schätzte für das Jahr 2012 die durchschnittlich im Monat ausgetauschte Datenmenge auf 43,5 Exabyte (Cisco 2013). Das entsprach einem digitalen Äquivalent von mehr als 9,8 Milliarden DVDs. Aufeinander gestapelt ein Turm von 12.000 Kilometer Höhe.

Immer mehr Menschen haben Zugang zum Internet, die Zahl mit dem Netz verbundener Geräte wächst kontinuierlich, unzählige Webseiten halten Inhalte aller Art bereit und das globale Netzwerk erlaubt den Zugriff in Bruchteilen von Sekunden. Alleine die geschätzten 13 bis 45 Milliarden Webseiten im sichtbaren Netz bieten 2,3 Milliarden Menschen ein nahezu unerschöpfliches Reservoir an Inhalten.

Jeder Lebensbereich ist betroffen

In unserem privaten Umfeld hat das Netz Einfluss darauf, wie wir konsumieren, einkaufen, uns unterhalten und informieren. Auch die Arbeitswelt wurde durch das Internet massiv verändert. Die Sammlung, Analyse und Verarbeitung digitaler Inhalte ist heute ein wesentlicher Bestandteil vieler Arbeitsplätze. Wissen ist zu einer wichtigen Ressource von Unternehmen und Mitarbeitern geworden. Jeder Produktionsprozess wird zu einem Wissensprozess, in dem digitale Inhalte so verarbeitet werden, dass daraus neuer Kundennutzen entsteht (Cachelin 2012). Die Vision von Timothy Berners-Lee, einer großen Anzahl von Menschen den einfachen und schnellen Zugang zum Wissen der Welt zu ermöglichen, ist Wirklichkeit geworden. Das WWW ist nach diesen Zahlen auf jeden Fall eine

Erfolgsgeschichte. Der Erfolg basiert darauf, dass jeder Nutzer zur richtigen Zeit Informationen – und damit Wissen – aus den Inhalten im Netz beziehen kann. Das Netz verschafft ihm damit einen Vorteil gegenüber den Menschen, die keine Möglichkeit dazu haben. Der Zugang zu den richtigen Inhalten im Netz entscheidet über Erfolg oder Misserfolg. Das gilt im privaten und im beruflichen Umfeld. Soziale Netzwerke, Wikis, Blogs, Foren, Nachrichtenportale, Suchmaschinen, Vergleichsportale, Branchenverzeichnisse und vieles mehr. Es sind aber nicht die Dienste selbst, in denen der Wert steckt. Vielmehr sind es die Inhalte, die mithilfe der Dienste gefunden, ausgewertet und genutzt werden. Wir Verbraucher finden preiswerte Produkte, von denen wir ohne den Zugriff auf das weltweite Angebot im Internet keine Kenntnis gehabt hätten. Wir ersetzen bisher kostspielige Dienstleistungen durch preiswertere und mitunter kostenlose Angebote, wie zum Beispiel internetbasierte Kommunikation. Die meisten Angebote sind, finanziert durch Werbung, für uns Nutzer kostenfrei. Pro Haushalt liefern werbefinanzierte Internetdienste im Durchschnitt einen finanziellen Mehrwert von 480 € pro Jahr. Der gesamte Wert, den internetbasierte Dienste uns Konsumenten im Jahr liefern, wird auf nahezu 100 Milliarden € pro Jahr geschätzt (IAB Europe 2010).

Interessant ist aber, dass der finanzielle Mehrwert, den Nutzer aus den Inhalten kostenfreier digitaler Dienste im Internet gewinnen, extrem ungleich verteilt ist. 20 Prozent der Internet-Nutzer schöpfen 60 Prozent des gesamten Wertes webbasierter Dienste ab (IAB Europe, 2010). Daraus ergibt sich für jeden Haushalt, der zu den 20 Prozent der erfahrenen Internetanwender gehört, eine Summe von mehr als 1.400 € pro Jahr. Ein „digitaler Mehrwert", den viele jedes Jahr verschenken. Ein gutes Beispiel ist der Wert, den Anwender durch die Nutzung von Webseiten zum Preisvergleich erzielen. Wer keinen Zugang zu den Inhalten dieser Seiten hat, bzw. sie unzureichend und schlecht nutzt, verschenkt jedes Jahr Geld. Zum Beispiel zahlen Anwender, die im Umgang mit den vom Netz bereitgestellten Inhalten zu Preisen elektronischer Produkte unerfahren sind, im Schnitt 16 Prozent mehr. Darin zeigt sich die bestehende „*digitale Kluft*" (Baye et al. 2003).

Was machen die 20 Prozent anders?

Prinzipiell ist jeder – zumindest in den westlichen Nationen – mit einem Internetanschluss in der Lage, die im Netz verfügbaren Inhalte zu erreichen und für sich zu nutzen. Es liegt nicht am grundsätzlichen Zugang zum Internet. Wirklich wertvolle Inhalte werden von vielen überhaupt nicht gefunden. Der Grund ist, dass die her-

kömmlichen im Netz verwendeten Wege zur In-
formationsbeschaffung zunehmend schlechtere
Ergebnisse liefern. Suchmaschinen fällt es immer
schwerer, die Menge vorhandener Inhalte zu filtern und passend aufzubereiten. Vielmehr för-
dern sie sogar die Unübersichtlichkeit. Problema-
tisch ist die enorme Menge der gelieferten Ergebnisse. Sie liefern zunehmend mehr Ballast, der zu
einer *„Informationsüberlastung"* führt (Carlson
2003). Diese Entwicklung spüren auch die Betreiber von Suchmaschinen. Seit Februar 2012 geht
das Wachstum der Suchanfragen bei den großen
Anbietern zurück. Im Herbst 2012 war es erstmals negativ. Google, Bing und Yahoo erhielten
im Oktober 2012 4 Prozent weniger Suchanfragen
(Thomas 2012). Bei manchen Fragestellungen helfen Suchmaschinen alleine demnach nicht mehr
weiter. Die Nutzer scheinen darauf, bewusst oder
unbewusst zu reagieren, indem sie seltener zur
Suchmaschine greifen. Gute Inhalte zu finden,
fällt immer schwerer. Häufig gehen sie in der
großen Zahl von Treffern unter. Sicherlich findet
jeder gelegentlich ein Informationsschnäppchen
im Netz. Der zufällig gefundene Billigflug, der
besonders günstige Elektronikartikel und das
preiswerte Kleidungsstück aus der Kollektion des
letzten Jahres. Meistens sind solche Erfolge aber
nicht nachhaltig. Sie können von vielen nicht gezielt wiederholt werden. Es handelt sich um Zu-
fallstreffer. Die wenigen wertvollen Informationen werden von unbedeutendem Inhalt überla-

gert. Chris Anderson beschreibt diesen Zustand als *„zufälligen elektronischen Lärm"*. Insbesondere Bereiche, zu denen mit wenigen Mausklicks nahezu unbegrenzte Mengen an Inhalten verfügbar sind, werden dabei zum Problem (Anderson, 2006). Die 20 Prozent Nutzer, denen es gelingt, die Inhalte des Netzes besser für sich einzusetzen, verhalten sich anders. Sie schneiden deutlich besser ab, weil sie vorhandene Dienste im Netz intelligent für sich einsetzen. Es gelingt ihnen, trotz permanenter Zunahme und Veränderung, aus den Inhalten im Netz einen hohen finanziellen Vorteil zu ziehen (IAB Europe 2010). Durch clevere Kombination der Möglichkeiten des Internets generieren sie dauerhaften Nutzen. Das moderne Netz unterstützt sie dabei aktiv. Anwender, die kontinuierlich mithilfe des Netzes Inhalte sammeln, analysieren, überwachen und – im erlaubten Rahmen – auch speichern, haben so häufiger Zugang zu hochwertigen Inhalten und treffen bessere Entscheidungen.

Das Netz unterstützt die erfahrenen Nutzer bei vielen Dingen. Es behält digitale Schatten im Auge, vergleicht Börsenkurse mit Reaktionen in sozialen Netzwerken, überwacht informelle Kommunikationskanäle, erstellt Profile von Personen und vieles mehr. Die Bandbreite der Möglichkeiten reicht von wünschenswert und hilfreich bis zweifelhaft und illegal. Auch wenn es auf den ersten Blick nicht so scheint, vieles steht jedem frei zur Verfügung. Die dafür benötigten Werkzeuge existieren zum Teil seit Jahren und sind in ihrer Bedienung immer einfacher geworden. Das Netz kann uns mit Hilfe verschiedener Werkzeuge gezielt und nahezu automatisch mit Informationen versorgen. Jeder hat die Möglichkeit, das Internet für sich arbeiten zu lassen und (Mehr-) Wert zu erlangen. Mit einem Versuch haben wir überprüft, ob es wirklich gelingt, den vom IAB errechneten „digitalen Mehrwert" durch intelligente Nutzung des Internets zu realisieren.

Preiswert in den Westen der USA und der Beitrag des Internets

Wer vor 20 Jahren ohne Unterstützung durch ein Reisebüro eine Fernreise organisieren wollte, stand vor einer besonderen Herausforderung: Informationsmangel! War der Skiurlaub in Südtirol oder das Ferienhaus in den Niederlanden noch relativ einfach zu buchen, so geriet die Planung einer Fernreise zur unlösbaren Aufgabe. Wollte man zum Beispiel ohne Hilfe durch ein Reisebüro einen Urlaub in Las Vegas, dem Valley of Fire, dem Bryce- und Antelope-Canyon sowie ein paar Tage auf Hawaii selbst organisieren und buchen, zeigten sich schnell Grenzen. Bereits die Suche nach Hotels gestaltete sich schwierig. Wo waren Informationen über das Angebot entlang der geplanten Route zu bekommen? Zur Verfügung standen meistens nur gedruckte Reiseführer und bestenfalls Kataloge der großen Touristikunternehmen. Anfragen bei lokalen Hotels waren nur per Telefon oder Fax möglich. Schriftliche Antworten dauerten lange. In der Regel trafen sie mit einer zeitlichen Verzögerung von mehreren Tagen oder Wochen ein, wenn überhaupt geantwortet wurde. Nachdem endlich der Reiseverlauf festgelegt und passende Hotels ausgewählt waren, folgte die nächste Hürde. Wie dorthin gelangen? Flüge konnten nicht ohne die Hilfe eines Reisebüros ermittelt oder gebucht werden. Spätestens an dieser Stelle setzte sich bei den meisten die Erkenntnis durch, dass die individuelle Gestaltung einer Fernreise in den Westen der USA oder nach Hawaii nur mit professioneller Hilfe zu realisieren war. Am Ende landeten viele dann bei einer Pauschalreise oder zusammengestellten Paketen aus Flügen und Hotels.

Heute hat sich die Situation komplett verändert. Jeder kann die oben beschriebene Reise bis ins kleinste Detail selber organisieren. Wenige Mausklicks genügen, um Flüge, Hotels, Mietwagen, lokale Touren und vieles mehr zu vergleichen, zu kombinieren und zu buchen. Das amerikanische Portal mit dem Angebot besonders günstiger Flugtickets, der Anbieter von Touren in der Wüste von Utah oder die kleine Pension in Arizona ist einfacher zu erreichen als das Reisebüro um die Ecke. Vor 20 Jahren war es noch das Privileg der Reisebüros, auf die Reservierungssysteme von Veranstaltern und Anbietern zuzugreifen. Heute stehen auf Knopfdruck alle Informationen, die zur Planung einer Reise benötigt werden, aus der gesamten Welt zur Verfügung. Doch die Vielfalt hat auch ihren Preis. Der von Chris Anderson angesprochene *„zufällige elektronische Lärm"* erschwert auch bei Reiseplanungen die Suche nach den besten Angeboten. Mit wenigen Mausklicks liefert das Netz so viele Angebote, dass die Übersicht schnell verloren geht. Die Frage ist, wie gelingt es aus der Flut an Inhalten die wertvollen Informationen herauszufiltern? Dabei muss das Netz helfen.

Welcher finanzielle Vorteil durch intelligente Nutzung des Internets realisiert werden kann, lässt sich anhand der oben beschriebenen Reise zeigen. Vergleichen wir die Preise für Flüge und Hotels dreier Reiseoptionen – in der Regel die größten Kostenblöcke – aus März 2012, und zwar für eine individuell mithilfe des Internets zusammengestellte, eine durch ein lokales Reisebüro geplante und eine auf einem pauschalen Packet basierende Reise für 2 Personen. Individuell zusammengestellt, waren die erforderlichen Flüge von Deutschland über Las Vegas nach Hawaii und zwischen den hawaiianischen Inseln für 2.800 € erhältlich. Auf die Übernachtungen in 3-, 4- und 5-Sterne-Hotels entfielen bei individueller Kombination 2.000 €. Ein lokales Reisebüro bot Flüge für 3.000 € und Hotels für 2.200 € an. Die betrachteten Pauschalreisen umfassten eine 12-14-tägige Basisreise mit den Zielen Las Vegas und Honolulu, inklusive aller Flüge, Übernachtungen und lokaler Transfers. Durch Buchung einer Verlängerungswoche konnten die Reisen um Insel-Hopping auf Hawaii ergänzt werden. Die Preise lagen inklusive Verlängerungswoche in der Größenordnung von 2.900 € pro Person. Zusammengesetzt aus 2.200 € für die Basisreise, 400 € für die Verlängerungswoche sowie 300 € für Flüge zwischen den hawaiianischen Inseln. In keinem der Angebote war Verpflegung enthalten.

Das Ergebnis war eindeutig. Die individuell mithilfe des Internets zusammengestellte Reise war im März 2012, gegenüber der inhaltlich schlechteren Pauschalreise um 1.000 € preiswerter. Selbst gegenüber dem lokalen Reisebüro bestand noch ein Preisvorteil von 400 €. Ich habe diese Reise im September 2012 aus individuellen Bausteinen zusammengesetzt verwirklicht. Das Internet hat mir bei der Organisation an vielen Stellen geholfen und einige Arbeit für mich übernommen. Ohne Unterstützung durch eine automatisierte Auswertung, wäre alleine der Vergleich hunderter Angebote zeitlich nur schwer zu bewältigen gewesen. Ein Online-Portal alleine und auch kein lokales Reisebüro wäre in der Lage gewesen, dass gesamte Netz nach Angeboten zu durchsuchen. Nur wer individuell plant, kann Flugzeiten und Airlines frei wählen, Hotels gezielt nach den eigenen Bedürfnissen selektieren, Touren anpassen und frei gestalten.

Das führt neben quantitativen auch zu qualitativ überzeugenden Ergebnissen. Häufig taucht an dieser Stelle das Argument auf, dass Buchungen im lokalen Reisebüro nicht teurer sind als im Internet (Stiftung Warentest 2010). Das trifft zu. Aber nur im direkten Vergleich zwischen lokalen Reisebüros und den großen Online-Reiseanbietern. Dann ist es in der Tat so, dass Buchungen im Netz nicht in jedem Fall zu besseren Preisen führen. Wenn aber das weltweite Angebot in Netz berücksichtigt wird, ändert sich das Bild. Irgendwo in den Weiten des Internets existiert für jeden Baustein einer Reise der beste Preis. Und je komplexer der Verlauf und kleiner die gebuchten Bausteine einer Reise sind, umso unwahrscheinlicher ist es, dass ein einziges Online-Portal oder das Reisebüro vor Ort den besten Preis bietet. Der Grund dafür ist, dass beide nicht das volle Potenzial der Inhalte im Netz nutzen können. Zwar haben sie Zugriff auf eine große Menge von Angeboten rund ums Reisen, aber bei weitem nicht auf alles, was das Internet bietet. Nur mit Werkzeugen, die kontinuierlich und möglichst umfassend aus dem Netz die besten Bausteine für eine individuelle Reise sammeln, analysieren, überwachen und speichern, gelingt es, die wertvollen Informationen zu filtern.

Der Effekt, aus vielen kleinen Bausteinen ein kostengünstiges Gesamtangebot zusammenzustellen, ist nicht auf das Reisen begrenzt. Immer dann, wenn detailliert Einzelinformationen im Internet gesammelt, analysiert, überwacht, gespeichert und zu einem Gesamtbild zusammengefügt werden müssen, versagen herkömmliche Ansätze. Suchmaschinen gelingt es nicht mehr, die Mengen an Inhalten im Netz in hoher Qualität bereitzustellen. Anwender verlieren den Überblick im *„zufälligen elektronischen Lärm"*. Wir benötigen digitale Assistenten, die gezielt Aufgaben für uns übernehmen. Assistenten, die uns zum Beispiel informieren, wenn United Airlines mal wieder ein „Schnäppchen" anbietet. Nur mit einem Netz, das bei der Beantwortung individueller Fragestellungen mitdenkt, wird es den Nutzern gelingen, in den zunehmenden Mengen von Inhalten wertvolle Informationen zu finden – und für sich zu nutzen.

Inhalte besser nutzen

Das Netz, das „mitdenkt"

Im Jahr 1990 wurde das Internet von der National Science Foundation zur kommerziellen Nutzung freigegeben. Neben Wissenschaftlern, Militärs und Informatikern entdeckten „ganz normale Menschen" nach und nach das Netz für sich. Aufgrund der von Timothy Berners-Lee entwickelten World Wide Web Standards HTML, HTTP und des URL-Systems war es auf einmal möglich, mit einem Web-Browser ohne tiefere technische Kenntnisse über die Funktionsweise des Netzes auf die Inhalte darin zuzugreifen. Es genügte, die Adresse einer Webseite einzugeben und schon landen die gewünschten Informationen auf dem eigenen Computer. Die Rollen im Netz waren allerdings klar verteilt. Obwohl das Netz immer mehr Themengebiete abdeckte, standen der wachsenden Zahl an „Konsumenten" deutlich weniger Anbieter von Inhalten gegenüber. Die meisten Nutzer griffen nur lesend auf das World Wide Web zu. Auch die im Netz verfügbaren Seiten waren zunächst klar voneinander abgegrenzt. Vergleichbar mit einer großen Anzahl beschriebener und nebeneinander aufgereihter Blätter, zwischen denen Links von einer Seite zur nächsten und gegebenenfalls zurück führten. Das World Wide Web war flach und befand sich in seinem ersten Lebensabschnitt (Hay 2010). Die Phase zwischen den Jahren 1990 und 2000 wird heute als das Web 1.0 bezeichnet. Im Grunde war das Web 1.0 nichts anderes als eine große Bibliothek. Wer über einen Zugang verfügte, konnte Inhalte aufrufen, betrachten und mit etwas Mühe auch kopieren. Viel mehr aber auch nicht. Timothy Berners-Lee bezeichnet das Web 1.0 deshalb als das *„Web of Documents"*. Erste Suchmaschinen, wie Altavista, erlaubten, im kontinuierlich wachsenden Netz nach Inhalten zu suchen, wodurch sich die Orientierung für den „normalen" Anwender verbesserte. Bei Verwendung der richtigen Schlagwörter standen die Chancen nicht schlecht, auch interessante Inhalte zu finden (Rubin 2009). Als ungewollter Nebeneffekt führte der leichtere Zugriff aber auch dazu, dass es einfacher wurde, sich im Web zu verlieren. Ich erinnere mich an meine ersten Erfahrungen mit dem World Wide Web im Jahr 1995. Ich verbrachte Stunden vor dem Browser, sprang von einer Seite zur nächsten und wusste am Ende nicht mehr, was ich eigentlich gesucht hatte. Zu viele „spannende" Inhalte wurden von den Suchmaschinen aufgezeigt, zu viele Links versprachen noch interessantere Inhalte, als schon deren Ausgangsseite lieferte. Es war leicht, bei der Suche nach Literaturmaterial, über einen für die eigentliche Suche völlig belanglosen – aber ansprechenden – Link zu vielen weiteren Seiten zu navigieren. Mehr als einmal stellte ich am Abend fest, dass der Tag zwar unterhaltsam gewesen war, aber ausgesprochen unproduktiv endete. Das Netz verführte zum passiven Konsum von allen Inhalten, die einem beim Surfen begegneten. Die Bedeutung dieser ersten Phase für die Entwicklung des World Wide Web darf aber nicht unterschätzt werden. Es lieferte mit der Verbreitung der technologischen Basis (HTML, HTTP und des URL-Systems) die zentralen Bausteine, digitale Inhalte weltweit unabhängig von Computersystemen und Netzen zur Verfügung zu stellen. Das Web 1.0 öffnete den Weg zum verstreut dokumentierten Wissen der Welt. Es ermöglichte Zugang.

Zwei Entwicklungen lösten um das Jahr 2000 einen Wandel im World Wide Web aus. Die erste Veränderung basierte auf neuen Technologien, die es ermöglichten, Inhalte von Webseiten einfach miteinander zu kombinieren. Anstatt Besucher der eigenen Webseite durch Links auf fremde Seiten zu schicken, wurden Inhalte zunehmend aus fremden Quellen zusammengetragen und auf der eigenen Seite dargestellt. Webseiten konnten inhaltlich umfassender gestaltet werden, ohne selber für den gesamten Inhalt sorgen zu müssen. Das reichte von der einfachen Einbindung zusätzlicher Informationen, wie dem lokalen Wetter, bis zur Entwicklung umfassender kommerzieller Angebote auf Basis fremder Daten. Es liegt auf der Hand, dass es dabei in vielen Fällen zu rechtlichen Auseinandersetzungen kam. Bekannt ist u. a. der Streit zwischen easyJet und verschiedenen Reiseportalen, die auf die Seiten der Airline zugegriffen und deren Inhalte zur Nutzung in eigenen Angeboten ausgelesen hatten.

Die zweite Veränderung betraf die bis dahin zum passiven Konsum gezwungenen Nutzer. Auf einmal war es möglich, Inhalte auf fremden Seiten zu kommentieren oder zu bearbeiten (Hay 2010). Wikis, Blogs, Foren, soziale Netzwerke ermöglichten die direkte Beteiligung jedes Nutzers. Darcy DiNucci verwendete für diese zweite Phase der Entwicklung des World Wide Web erstmalig dem Begriff Web 2.0. Im Magazin Print bezeichnete sie 1999 das damalige Web 1.0 als Prototyp des interaktiven Netzes, welches in Zukunft viele unserer Lebensbereiche durchdringen wird (DiNucci 1999). Auf einmal war die Erzeugung von Inhalten nicht mehr auf wenige Anbieter beschränkt. Jeder konnte sich ohne umfassendes technisches Wissen an deren Erstellung und Bearbeitung beteiligen. Deshalb bezeichnet Timothy Berners-Lee das Web 2.0 auch als das *„Web of Content"*. Das Web 2.0 demokratisierte die Erstellung, Bearbeitung und Verwendung von Inhalten. Es ermöglichte Beteiligung.

Seit dem Jahr 2010 ist das Internet in die nächste Phase der Entwicklung eingetreten: das Web 3.0. Noch kann keiner genau sagen, was es ist oder wie es final aussehen wird. Sicher ist aber, es haben sich entscheidende Veränderungen ergeben, die eine Abgrenzung zum Web 2.0 erforderlich machen.

David Siegel betrachtet es als ein Netz, das zunehmend intelligenter und selbst zum Computer wird (Siegel 2010). Die einzelne Hard- und Software verliert an Bedeutung. Wichtiger wird das Zusammenspiel verteilter Bestandteile innerhalb des Internets. Wie das in Zukunft aussieht, zeigen zum Beispiel Smartphones mit Augmented-Reality-Lösungen. Durch Kombination eines GPS-Empfängers, einer Kamera, einer mobilen Internet-Verbindung und weltweit verteilter Server entstehen ganz neue Informationsmöglichkeiten. In Echtzeit können aktuelle Informationen zum eigenen Standort im Netz gesammelt und visuell mit dem Bild der Kamera auf dem Smartphone kombiniert werden. Wer eine Augmented Reality App auf den Berliner Dom richtet, erhält zum Beispiel Informationen über das Gebäude und seine Geschichte informativ in das aktuelle Bild der Kamera seines Smartphones eingebettet. Die wesentliche Rechenarbeit dafür erfolgt „im Netz" auf Computern verschiedener Anbieter. Das Smartphone dient hauptsächlich zur Ortung der Position und Anzeige der gelieferten Inhalte. Ohne „Intelligenz im Netz" sind solche Lösungen nicht denkbar. Mit der Entwicklung der Datenbrille Glass führt Google diesen Ansatz konsequent fort. In Zukunft werden immer mehr spezialisierte Geräte über das Netz zu einem größeren Ganzen zusammengeschaltet. Selbstverständlich ist die Aussage „das Netz wird intelligent" und „Hard- und Software verlieren an Bedeutung" zu relativieren. Auch das intelligente Netz benötigt Hard- und Software. Die clevere Kombination verteilter Ressourcen erlaubt aber immer besser, auf die individuellen Bedürfnisse nach Information für jeden einzelnen Nutzer einzugehen. Dabei ist es für den Anwender irrelevant, woher eine benötigte Information kommt. Entscheidend ist, dass eine „Intelligenz im Netz" weiß, wie sie zu beschaffen ist. Je mehr das Netz dabei über uns lernt, je „intelligenter" es wird, umso besser werden die Ergebnisse. Auch Conrad Wolfram, Schöpfer der Wissenssuchmaschine Wolfram Alpha, erwartet ein Netz, das ständig daran arbeitet, neues Wissen für die Anwender zu generieren (Kobie 2010). In seiner Prognose wandelt es sich zu einem persönlichen Assistenten, der nahezu alles über „seinen Nutzer" kennt und ihn im täglichen Leben unterstützt. Das Fundament dafür bilden Inhalte, die in Form einer *„gigantischen Datenbank"* im Netz in Beziehung zueinander stehen (Strickland n.d.). Bei der Entwicklung des Web 3.0 geht es demnach nicht primär um die Schaffung eines technisch neuen Netzes. Vielmehr liegt der Schwerpunkt darauf, seine Inhalte für Maschinen lesbar bereitzustellen. Ziel ist die Schaffung eines „semantischen Netzes". Eine dritte Generation des WWW, in dem Maschinen Inhalte verstehen. Wörtlich interpretiert führt der Begriff aber in die Irre. Es geht nicht um eine künstliche Intelligenz, die Inhalte wirklich „versteht". Vielmehr sollen Inhalte in einer Form im Netz bereitgestellt werden, die von Computern eigenständig und ohne menschlichen Eingriff interpretiert und verarbeitet werden können. Ein Lösungsvorschlag, wie das Web 3.0 realisiert werden kann, kommt vom World Wide Web Consortium (W3C), dem Gremium zur Standardisierung des Internet. In den Arbeiten des W3C wird definiert, wie im Web 3.0 – dem „Web of Data" – Inhalte in standardisierter Form in Beziehung gesetzt und von Maschinen interpretiert werden.

Im Web 3.0 werden digitale Assistenten weltweit und eigenständig Informationen suchen, auswerten und automatisch Arbeiten auf Basis der Ergebnisse ausführen. Alles orientiert an den Informationsbedürfnissen des einzelnen Anwenders (Rubin 2009). Das Web 3.0 wird ein „mitdenkendes" Netz. Es wird uns individuell und automatisch bei der Bewältigung alttäglicher Fragen unterstützen. Es bringt Intelligenz (ins Netz).

Glauben Sie nicht? Haben Sie schon mal mit Ihrem Smartphone in einer fremden Stadt nach einem Restaurant, Arzt, Kino, einer Apotheke oder ähnlichem gesucht?

Unterscheidung „Web of Documents" und „Web of Data"

Obwohl die Begriffe ähnlich klingen, besteht doch ein erheblicher Unterschied zwischen dem Web auf Documents (Web 1.0) und dem Web of Data (Web 3.0). Das Web auf Documents bestand aus einer statischen Ansammlung, hauptsächlich über Hyperlinks verbundener Dokumente. Inhaltlich konnten Maschinen mit dem Web 1.0 nahezu nichts anfangen. Ganz anders verhält es sich im Web of Data. Dort können Maschinen Inhalte auswerten, interpretieren und darauf reagieren. Zum Beispiel Texte. Im Web auf Documents waren die Texte einer Webseite für Maschinen, wie alle anderen Inhalte auch, nur eine digitale Aneinanderreihung von Einsen und Nullen. Im Web of Data werden Computer Texte „lesen und verstehen". Damit das funktioniert, müssen sie um auswertbare Beschreibungen der inhaltlichen Bedeutung ergänzt werden. Ähnlich dem Barcode auf einer Produktverpackung. An der Kasse lesen Scanner den Barcode und können daraus das zugehörige Produkt identifizieren und den Preis anzeigen.

Der Weg zum intelligenten Netz

Um das Web 3.0 zu realisieren, müssen die Inhalte von Webseiten in einer Form aufbereitet werden, die es Computern erlaubt, gezielt nach Informationen zu suchen bzw. Informationen auf Basis bestehender Inhalte abzuleiten. Nur dann ist das Netz in der Lage, einem Anwender die manuelle Suche nach Inhalten und deren Interpretation – zumindest bis zu einem gewissen Grad – abzunehmen. Das ist alles andere als eine leichte Aufgabe. Betrachten wir als Beispiel die im Netz verfügbaren Geschäftsberichte von Lufthansa und Air Berlin. Darin sind ausführliche Informationen zur Entwicklung beider Unternehmen im betrachteten Geschäftsjahr enthalten: Umsätze, Gewinne, Passagierzahlen, strategische Planungen, Wachstumsaussichten und vieles mehr. Für einen Menschen mit betriebswirtschaftlichen Grundkenntnissen ist es einfach, diese Informationen im Kontext zu erfassen. Computer dagegen haben enorme Schwierigkeiten, automatisch den Inhalt zu analysieren und zu interpretieren. Bereits der Versuch, aus den Berichten die wesentlichen Kennzahlen von Lufthansa und Air Berlin automatisch zu extrahieren, auszuwerten und Rückschlüsse auf die Geschäftsentwicklung zu ziehen, ist für einen Computer extrem schwierig. Versuchen Sie einmal, die Passagierzahlen des Jahres 2012 der beiden Airlines mithilfe der Geschäftsberichte zu vergleichen. Die Zahlen finden sich in beiden Berichten. Sie einfach automatisiert auszulesen, ist aber nicht möglich. Erst ein genauer Blick in die Geschäftsberichte liefert die gewünschten Informationen. Auch wenn Ihnen das Internet die Berichte als PDF-Dokument geliefert hat, haben Sie als Mensch die wesentliche Arbeit geleistet. Inhalte wurden von Ihnen interpretiert und zusammengetragen. Das Internet hat nichts weiter gemacht, als digitale Dokumente abzuliefern. Ausgewertet und interpretiert wurde vom Netz nichts. Web 1.0 in Reinform. Auch eine direkte Suchanfrage – zum Beispiel bei Google – löst das Problem nicht zufriedenstellend. Die Suche nach „Vergleich Passagiere 2012 Lufthansa Air Berlin" liefert zwar brauchbare Treffer, die Zahlen müssen Sie aber selber aus dem Text heraussuchen. Ihr Computer hilft an der Stelle nicht mehr weiter. Wieder landen wir beim Web 1.0. Wir haben Zugriff auf eine große Bibliothek, interpretieren müssen wir die Inhalte selbst.

Das Beispiel ist übertragbar auf nahezu das gesamte Internet. Es stecken enorme Mengen an Inhalten im Netz. Bis zu 45 Milliarden erreichbare Webseiten decken jedes mögliche Themengebiet ab. Bei der Interpretation dieser Seiten sind wir aber weitgehend auf uns alleine gestellt. Automatisch und ohne kognitive menschliche Fähigkeiten läuft bei dem normalen Anwender so gut wie nichts. Sicher, es existieren ausgefeilte Lösungen, um Antworten auf individuell gestellte Fragen direkt aus dem Netz zu liefern. Mit dem Computerprogramm Watson hat IBM gezeigt, welche Leistungen die künstliche Intelligenz auf Basis von Inhalten des Internets heute erbringen kann. Das mit enormer Rechenleistung ausgestattete Computersystem kann selbständig Inhalte im Netz analysieren und gezielt Antworten auf nicht standardisiert formulierte Fragen liefern. Richtig gut funktioniert die Technik aber nur in begrenzen Anwendungsgebieten, wie zum Beispiel der Medizin und Finanzwirtschaft. Bis Lösungen wie Watson für jeden Nutzer im Internet verfügbar sein werden, wird noch einige Zeit vergehen. Das W3C verfolgt mit dem Web of Data einen anderen Ansatz, um Inhalte im Netz für Maschinen verständlich bereitzustellen. Als Basis dafür wurden drei zentrale Komponenten definiert: Extensible Markup Language (XML), Resource Description Framework (RDF) und Ontologien. Die folgenden Zeilen enthalten ein paar technische Erklärungen. Sie sind wichtig, um zu verstehen, warum ich den vom W3C eingeschlagenen Weg nicht für eine breite Anwendung geeignet halte.

Komponente 1: Extensible Markup Language

Die Extensible Markup Language ist eine Auszeichnungssprache zur strukturierten Darstellung von Daten. Mit ihrer Hilfe können Inhalte von Webseiten in einer Form erfasst werden, die Computern eine gezielte Verarbeitung ermöglicht. Zum Beispiel lassen sich in einem in XML vorliegenden Geschäftsbericht einer Airline die Passagierzahlen an festgelegter Position mit sprechender Bezeichnung – „Fluggäste im Jahr 2012" – kennzeichnen. Inhalte können dann leicht gefunden und gezielt automatisiert verarbeitet werden.

Komponente 2: Resource Description Framework

Das Resource Description Framework dient zur Beschreibung der Beziehungen zwischen Objekten in einem Datenbestand. Stellen Sie sich eine Liste von Airlines und deren Passagierzahlen vor. Damit Computer in der Lage sind zu erkennen, welche Passagierzahlen zu welcher Airline gehören, müssen die Inhalte in Beziehung gesetzt werden. Für Menschen reicht es aus, wenn die entsprechenden Inhalte „Name der Airline" und „Fluggäste im Jahr 2012" im gleichen Satz stehen.

Mit unseren kognitiven Fähigkeiten verbinden wir die Zahlen mit der zugehörigen Airline. Computer benötigen für diese Aufgabe präzisere Angaben. Ihnen muss genau mitgeteilt werden, welche Inhalte die Airline beschreiben, welche Daten Passagierzahlen sind und wie sie in Beziehung zueinander stehen. Genau dabei hilft RDS. Zum Beispiel wird die Beziehung „hat im Jahr 2012 die Anzahl an Passagieren transportiert" in einer Auflistung von Airlines und Passagierzahlen mithilfe von RDS ausgedrückt. Dadurch können innerhalb einer Menge von Daten Beziehungen zwischen deren Bestandteilen hergestellt und von Maschinen interpretiert werden.

Komponente 3: Ontologien

Die besondere Eigenschaft des Internet ist, dass seine Inhalte auf vielen Computern abgelegt und zu einem großen Netzwerk verknüpft sind. Häufig müssen deshalb Inhalte aus verschiedenen Quellen miteinander kombiniert und in Beziehung gesetzt werden. Möchten Sie die Anzahl der Fluggäste von Lufthansa und Air Berlin im Jahr 2012 automatisch im Netz ermitteln, müssen schon zwei unterschiedliche Quellen gefunden und verglichen werden. In dem Beispiel bezeichnen sowohl Lufthansa und Air Berlin die gesuchte Kennzahl als „Fluggäste". Was aber passiert, wenn eine Airline die Information als „Passagiere" kennzeichnet oder Geschäftsberichte in unter-

schiedlichen Sprachen verglichen werden? An
dieser Stelle kommen Ontologien ins Spiel. Sie
beschreiben übergreifend über unterschiedliche
Datenbestände hinweg gleiche Inhalte und deren
Beziehung zueinander. Damit Computer „verstehen", dass es sich um semantisch gleiche Inhalte
handelt, müssen übergreifende Beziehungen mithilfe von Ontologien erstellt werden. Das W3C
hat mit der Web Ontology Language (WOL) eine
eigene Sprache zum Aufbau von Web-Seiten
übergreifender inhaltlicher Beziehungen definiert.

Standardisiertes Web 3.0?

Das W3C möchte den bestehenden Inhalten im
Netz – dem Web auf Documents (Web 1.0) und
dem Web auf Content (Web 2.0) – eine weitere,
für Maschinen lesbare Ebene hinzufügen.
Dadurch soll das Web of Data (Web 3.0) entstehen (Berners-Lee et al. 2001). Grundsätzlich „versteht" eine Maschine Inhalte natürlich nicht.
Wenn sie aber auf Zuordnungen und logische
Beziehungen zurückgreifen kann, ist deren Verarbeitung möglich.

Klingt schwierig? Ist es auch! Allein die technische Umsetzung ist für den normalen Betreiber
einer Webseite alles andere als trivial. Obwohl

die ersten Arbeiten zur Standardisierung des Web 3.0 bereits Ende der neunziger Jahre erfolgten, existieren Lösungen bis heute nur in eng begrenzten Spezialgebieten. Ein Beispiel ist die biologische Ontologie-Datenbank des European Bioinformatics Institute (EBI) zur Unterstützung von Forschern im Bereich der Mikrobiologie. Sie hilft Molekularbiologen Forschungsergebnisse strukturierter und mit einem definierten Vokabular zu beschreiben. Verknüpfungen zwischen den Arbeiten einzelner Forscher können einfach hergestellt und neue Erkenntnisse auf Basis bestehender Verknüpfung leichter gewonnen werden. Es ist offensichtlich, dass diese Technik in einem abgegrenzten Umfeld enorm hilfreich ist, um unterschiedliche Datensätze und Datenquellen miteinander zu verbinden. Ausgedehnt auf die Inhalte des gesamten Internets erscheint die Umsetzung aber als – momentan – unlösbare Aufgabe. Wie sollen 45 Milliarden Webseiten in strukturierter digitaler Form (XML) aufbereitet, ihnen eine semantische Bedeutung zugeordnet (RDF) und diese übergreifend verknüpft (WOL) werden? Praktisch ist das nicht zu realisieren. Deshalb ist das umfassende semantische Netz bis heute eine Vision geblieben. Die erforderlichen Strukturen, um zum Beispiel eine größere Anzahl der Inhalte im Netz mit RDF und WOL für eine automatisierte Verarbeitung vorzubereiten, existieren nicht und werden auch in naher Zukunft nicht existieren (Petrie & Agarwal 2012). Der Grund dafür ist, dass Inhalte nur mit einem hohen Aufwand über verschiedene Quellen hinweg nach einem gemeinsamen Verfahren zu beschreiben sind. Alleine die Erstellung einer Ontologie in einem Fachgebiet benötigt bereits sehr viel Zeit. Werden die Inhalte umfangreicher, wächst der Aufwand exponentiell. Die Praxis zeigt, dass selbst in einem Fachgebiet die übergreifende Abstimmung einer Ontologie häufig nicht erfolgt. Bereits die Datenbank des European Bioinformatics Institute bietet auf ihrer Webseite mehrere Ontologien an, unterteilt nach verschiedenen Interessengebieten. Der Einsatz von RDF und WOL in begrenzten Fachgebieten ist durchaus sinnvoll. Eine breite Anwendung im Internet aber in absehbarer Zukunft unwahrscheinlich.

Stephen Downes, Senior am National Research Council of Canada, löste im März 2007 mit dem Beitrag *„Why the Semantic Web Will Fail"* eine Diskussion aus, die auf seiner Webseite bis heute andauert. Für ihn ist die Realisierung eines umfassenden semantischen Netzes nur dann möglich, wenn Produzenten und Anbieter von Inhalten zusammenarbeiten und – zumindest teilweise – auf ihren individuellen Vorteil und Gewinn verzichten. Nur dann hält er die Einführung eines Standards für das semantische Netz für möglich. Individuelle ökonomische Interessen auf Seite der „Besitzer" von Inhalten werden das aber verhindern. Neben dem ökonomischen Argument glaubt er auch nicht, dass wir Nutzer ein solches System wünschen. Standardisierte und durch Maschinen auswertbare Inhalte erleichtern die automatisierte Profilerstellung im Netz. Wenn Inhalte aus Facebook, Twitter, Google und Co. von jedem Nutzer zusammengetragen und verknüpft werden können, rechnet er mit mehr Ablehnung als Akzeptanz. Downes' Schlussfolgerung ist, besser so weit wie möglich die Kontrolle über die eigenen Inhalte behalten und sich nicht einem System auszuliefern, dessen beständig gute Absichten keiner kontrollieren kann (Downes 2007). Sein Beitrag erhielt eine hohe Resonanz im Internet. Die Kommentare reichten von Zustimmung bis Ablehnung. In einem Gespräch das ich Ende 2012 mit ihm führte, bekräftigte er seine Position. Zusätzlich beobachtet er neuerdings aber noch eine weitere Veränderung rund um das semantische Netz: Große Anbieter wie Twitter, Google und Facebook entfernten sich immer weiter vom Konzept offener Daten und etablierten stärker kontrollierte Zugänge zu ihren Angeboten. Im Netz passiert aktuell genau das Gegenteil von dem was Timothy Berners-Lee mit dem Web of Data und offenen Inhalten angestrebt hat. Es entwickeln sich restriktive und verschlossene Strukturen.

4 Probleme auf dem Weg zum umfassend standardisierten Web 3.0

Ein umfassendes semantisches Netz ist in überschaubarer Zukunft nicht in Sicht. Mehr als zehn Jahre nachdem Timothy Berners-Lee einen Vorschlag für dessen Entwurf präsentiert hat, bewegt sich wenig. Die Gründe, warum die vom W3C vorgetragenen Ideen zum Web auf Data im gesamten Internet nur schwer realisiert werden können, bauen aufeinander auf. Ist ein Problem gelöst, taucht sofort das nächste auf. Betrachten wir die wesentlichen Konfliktpunkte nacheinander.

Das Kooperationsproblem

Grundsätzlich besteht bei vielen – insbesondere kommerziellen Betreibern von Webseiten – ein Widerstand, die eigenen Inhalte mit Dritten zu teilen. Die vom W3C entwickelten Lösungen zur maschinenlesbaren Auswertung erleichtern den Zugriff auf fremde Inhalte jedoch erheblich. Warum aber sollte der Betreiber einer Webseite seine häufig unter hohem Aufwand erstellten Inhalte ohne Gegenleistung herausgeben? Ohne Kompensation, zumeist finanziell, hat kein Betreiber einer kommerziellen Webseite ein Interesse daran, die einfache Nutzung seiner Inhalte zu ermöglichen. Der Widerstand wird umso größer ausfallen, je wertvoller die Inhalte sind. Die Auseinandersetzung zwischen easyJet und InteRes um die nicht genehmigte Verwendung von Flugangeboten der Airline durch den Darmstädter Softwarehersteller zeigt, wie schnell Streitigkeiten vor Gericht landen. Auch wenn der Rechtsstreit zugunsten des Softwareherstellers ausging, wird deutlich, wie schnell der Zugriff auf „fremde" Inhalte massive Reaktionen auf der Gegenseite auslösen (Ziegler 2010).

Das Kostenproblem

Wenn wir annehmen, dass das Kooperationsproblem gelöst ist und die Betreiber von Webseiten grundsätzlich bereit sind, wertvolle Inhalte ohne finanzielle Kompensation zur Verfügung zu stellen, dann bleibt als nächstes die Frage, wer die Kosten für den zusätzlichen Aufwand zur Aufbereitung trägt? Aufbau und Pflege des semantischen Netzes erfordert für jede Webseite zusätzliche Arbeiten neben der „normalen" Erstellung einer Webseite. Auch wenn nur eine Aufwandsentschädigung für maschinenlesbare Inhalte gefordert wird, werden Nutzer nicht bereit sein, dafür zu bezahlen.

Das Koordinierungsproblem

Nehmen wir weiter an, sowohl das Kooperations- und Kostenproblem wären gelöst. Die Betreiber von Webseiten stellen ihre Inhalte ohne finanzielle Kompensation und ohne Entlohnung für den zusätzlichen Aufwand zu deren maschinenlesbarer Aufbereitung zur Verfügung. Alleine wer diese Situation als realistisch betrachtet, sollte über einen Arztbesuch nachdenken. Aber gehen wir mal davon aus, beide Punkte wären gelöst. Wie wird dann eine durchgängige, über verschiedene Fachgebiete eindeutig definierte Struktur zur Beschreibung von Inhalten aufgebaut, auf die sich alle Betreiber von Webseiten einigen können? Erforderlich ist dann ein Clearingshouse, das alle Strukturen normiert. Erkennen Sie etwas? Damit stehen wir vor der gleichen Situation, vor der auch Timothy Berners-Lee stand, als er ein weltweit gültiges System für Hypertext entwerfen wollte. Es ist sehr unwahrscheinlich, dass es ein solches Clearinghouse für Ontologien in naher Zukunft geben wird.

Das Komplexitätsproblem

Nehmen wir abschließend an, auch das Koordinierungsproblem wäre gelöst. In unserer idealen Welt existiert eine zentrale Stelle, welche Strukturen für die einheitliche und webseitenübergreifende Beschreibung von Inhalten – zum Beispiel über allgemein gültige Ontologien – im Internet organisiert und kontrolliert. Dann muss immer noch sichergestellt werden, dass komplizierte Kennzeichnungen von Inhalten – zum Beispiel mit dem RDF – auch von „normalen" Betreibern einer Webseite korrekt durchgeführt werden.

Selbst wenn wir von der untersten Schätzung weltweit verfügbarer Webseiten ausgehen, müssten 10 Milliarden Seiten entsprechend erweitert werden. Alleine diese Zahl zeigt, wie unrealistisch die Umsetzung der Idee ist. Es kann nicht gewährleistet werden, dass die erforderliche Kennzeichnung korrekt erstellt und gepflegt wird.

Die Lösung funktioniert nur in Utopia

Die Vision des W3C für ein Web of Data ist auf breiter Basis nicht umsetzbar. Wie zum Beweis ist seit der Vorstellung der Idee durch Timothy Berners-Lee wenig passiert. Die Praxis hat gezeigt, dass der Ansatz in großem Maßstab nicht funktioniert. Ontologien zur strukturierten Beschreibung von Inhalten im Netz existieren nur in einzelnen Fachgebieten. Verknüpfungen zwischen ihnen so gut wie gar nicht. Auch findet RDF bei den Betreibern von Webseiten keine breite Anwendung. Lediglich XML hat sich als Format zum Austausch von Daten etabliert. Um das Web of Data umzusetzen, benötigen wir einen anderen Ansatz. Wie könnte die Lösung aussehen? Betrachten wir zunächst das Komplexitäts- und das Koordinierungsproblem. Es ist nicht damit zu rechnen, dass Milliarden von Webseiten nach einheitlichen Standards, sei es RDS, WOL oder andere Verfahren, für Maschinen aufbereitet werden. Das Problem ist vergleichbar mit dem

Hindernis, dass der Entwicklung des Web 1.0 im Weg stand. Es ist der Versuch, ein über alle Inhalte verknüpftes und konsistentes System zu schaffen. Erst als Timothy Berners-Lee diesen Anspruch aufgab und *„baumelnde Links"* akzeptierte, konnte das Web 1.0 entstehen (Wright 1997). Mit dem Web 3.0 stehen wir vor einer vergleichbaren Situation. Interessant ist, dass selbst Timothy Berners-Lee beim Web 3.0 der Fehler unterläuft, den er zu Beginn der neunziger Jahre als zentrales Hindernis für die Entwicklung eines weltweiten Hypertext-Systems erkannte. Um die Idee vom Netz, das uns versteht, zu realisieren, müssen wir der Fehlermeldung „Webseite nicht gefunden" eine weitere hinzufügen: „Semantik nicht gefunden". Erst wenn wir akzeptieren, dass es keine umfassende geschlossene Struktur geben kann, die alle Inhalte im Web 3.0 miteinander in maschinenlesbare Beziehungen setzt, kommen wir weiter. Die Ergebnisse werden individuelle Lösungen sein. Aber Lösungen die funktionieren. Besser als nichts und für den einzelnen Nutzer völlig ausreichend. Jeder Versuch, ein einheitliches allgemein gültiges Verfahren einzuführen wird scheitern. Genauer gesagt sind alle Versuche seit mehr als 10 Jahren gescheitert. Benötigt werden einfache Methoden und Werkzeuge, um Inhalte individuell im Netz in einer strukturierten Form zu sammeln und maschinenlesbar aufzubereiten. Nur wenn jeder Nutzer Inhalte leicht und ohne umfangreiches Fachwissen selber maschinenlesbar aufbereiten kann, wird das Internet dem semantischen Netz zumindest näher kommen. Dann ist eine globale, für das gesamte Netz gültige Ontologie nicht mehr erforderlich (Petrie & Agarwal 2012).

Damit verliert auch das Kostenproblem seine Brisanz. Wenn Inhalte durch jeden Nutzer individuell aufbereitet werden, entstehen für diese Tätigkeit auf der Seite der Betreiber von Webseiten keine Kosten. Jeder der maschinenlesbare Inhalte benötigt, nimmt die erforderlichen Arbeiten zur Strukturierung gerne in Kauf, wenn die Aufbereitung einfach ist und sich daraus ein individueller Nutzen ergibt. Es ist viel effizienter, wenn Anwender die für sie wichtigen Inhalte selber aufbereiten, so dass sie anschließend von Maschinen weiterverarbeitet werden können (Petrie & Agarwal 2012). Nur die Inhalte, die für irgendeinen Anwender einen Nutzen haben, werden bearbeitet. Was von niemandem benötigt wird, muss auch nicht für die maschinelle Verarbeitung aufbereitet werden. Lassen wir doch das Prinzip des Marktes auch hier wirken. Nur wo Nachfrage ist, wird ein Angebot entstehen. Dann erhalten wir zwar „nur" individuelle, aber für den Einzelnen leicht verwertbare Datensätze. Das Kostenproblem auf der Seite der Anbieter und Betreiber von Webseiten wäre gelöst.

Bleibt noch das Kooperationsproblem. Wenn der Betreiber einer Webseite Inhalte nicht teilen möchte, verzichtet er ohnehin darauf, sie einfach zugänglich bereitzustellen. Wer nicht kooperieren will, wird auch kein einfaches Auslesen ermöglichen. Alte und neue Werkzeuge erlauben den Anwendern im Web 3.0 aber zunehmend, sich dennoch an fremden Inhalten „zu bedienen". Die Frage der Kooperation von Anbietern stellt sich oft nicht mehr. Natürlich sind rechtliche Rahmenbedingungen zu berücksichtigen. Betreiber von Webseiten müssen sich aber damit abfinden, dass es schwerer wird, eine von ihnen nicht vorgesehene Nutzung ihrer Inhalte zu kontrollieren oder zu unterbinden. Mit dem Versuch ist bereits die Musikindustrie gescheitert. Ich sage voraus, als nächstes scheitern die Zeitschriften- und Zeitungsverlage.

Das individuelle Web 3.0 funktioniert besser

Im Jahr 2001 schrieb Timothy Berners-Lee: *„Der Nutzen eines semantischen Netzes wird erst freigesetzt, wenn Menschen beginnen Software-Agenten (Programme) zu bauen, die Inhalte aus diversen Quellen sammeln, verarbeiten und mit anderen Programmen austauschen. Der Effekt solcher Software-Agenten wird exponentiell wachsen, je mehr maschinenlesbare Inhalte und automatische Dienste zu deren Verarbeitung bereitstehen."* (Berners-Lee et al. 2001)

Um die Vision umzusetzen, müssen Inhalte im Netz individuell für eine automatische Verarbeitung aufbereitet, mit anderen Inhalten verknüpft, Aktionen ausgelöst und wo erforderlich gespeichert werden. Für den normalen Anwender scheinen diese Schritte zunächst nicht lösbar. Besonders dann nicht, wenn deren Kombination erforderlich ist. Muss jetzt jeder programmieren lernen?

Auch eine übergreifende und standardisierte Lösung zur Umsetzung der Vision von Timothy Berners-Lee wird es bis auf weiteres nicht geben. Individuelle Lösungen können mit den heute im Netz verfügbaren Werkzeugen aber von jedem ohne umfassende Kenntnisse erstellt werden. Meistens sogar kostenfrei. Die Ergebnisse sind brauchbar, wenn akzeptiert wird was auch für das Web 1.0 galt: individuell erstellte Lösungen funktionieren manchmal von einem Tag auf den anderen nicht mehr. Entweder weil die zugrunde liegende Webseite geändert wurde, wichtige Werkzeuge nicht zur Verfügung stehen oder ein Eigentümer von Inhalten eine aus seiner Sicht unberechtigte fremde Nutzung erschwert. Ähnlich wie im Web 1.0 Webseiten auch von einem auf den anderen Tag verschwanden. Die Fehlermeldung „Semantic not found" gehört zum individuellen Web 3.0, wie „Page not found" zum Web 1.0. Natürlich handelt es sich bei dem individuellen Web 3.0 nicht um das semantische

Netz, das Timothy Berners-Lee als Vision beschrieben hat. Es bietet keine standardisierte Form zur automatischen Verarbeitung seiner Inhalte. Natürlich führt das dann auch nicht zu einer übergreifenden Ordnung der Inhalte im gesamten Netz. Dieses Web 3.0 ermöglicht vielmehr den nächsten evolutionären Entwicklungsschritt hin zum wirklichen Web 3.0. Kleine Schritte sind besser als der Versuch einer umfassenden Lösung, die seit Jahren nicht richtig vorankommt. Deshalb ist es sinnvoll, das Problem endlich aus einer anderen Richtung zu betrachten. Ermöglichen wir den Zugang zu Werkzeugen, die es jedem Anwender erlauben, gezielt Inhalte im Netz zu beziehen, die zur Lösung seiner individuellen Fragestellungen beitragen. Dieser Ansatz wird das Web 3.0 schneller voranbringen, als alle Bemühungen, semantische Standards zu definieren, deren umfassender Einsatz seit Jahren nicht gelingt. Mit den drei zentralen Komponenten Zugang, Beteiligung und Intelligenz ist im Netz alles vorhanden, was benötigt wird: einfacher Zugang ohne technisches Detailwissen, hervorgegangen aus dem Web 1.0; die Fähigkeit zur individuellen Beteiligung bei der Erstellung und Bearbeitung von Inhalten, hervorgegangen aus dem Web 2.0; ein intelligentes Netz, das Inhalte eigenständig sammeln, auswerten und interpretieren kann, mit der Entstehung des individuellen Web 3.0. Die Grundsteine für dieses Netz wurden bereits vor Jahren gelegt.

Sammlung

Die Schere für das Internet

Im Juni 2006 stellte ein israelisches Unternehmen ein Werkzeug vor, das einen neuen Zugang zu den Inhalten des Internets ermöglichte. Sein Name: Dapper. Die Entwickler Eran Shir und Jon Aizen beschrieben die Aufgabe des Werkzeuges kurz nach der Veröffentlichung in ihrem Blog folgendermaßen:

„Dapper's mission is to allow you to use any web based content in any way you can imagine. And by use, we mean going beyond just reading or viewing a webpage." (Shir 2006)

Mithilfe von Dapper können Webseiten ausgelesen und deren Inhalte zur Weiterverarbeitung bereitgestellt werden. Der Name hat in diesem Zusammenhang für die Gründer zwei Bedeutungen. Eine „geekige" und eine inspirierende. Für „Geek" gibt es keine gute Übersetzung ins Deutsche. Am nächsten kommt noch die freie Übersetzung als Computerfreak. Die erste Bedeutung lässt sich dementsprechend am besten als „computer-freakige" übersetzen. Der Begriff Dapper steht danach für die Abkürzung „**Da**ta **Mapper**". Die Verbindung zu dem von Timothy Berners-Lee geprägten Begriff „Web auf Data" ist deutlich. In der zweiten, inspirierenden Bedeutung steht Dapper für das englische gediegen, adrett und elegant. Damit ist der Anspruch gemeint, das Netz eleganter gepflegter und für jeden Nutzer zugänglicher zu machen (Shir 2006). Mithilfe von Dapper können die Inhalte von Webseiten in eine maschinell analysierbare Form überführt werden. Der Dienst beschränkt sich aber nicht auf statische Webseiten, also Webseiten, bei denen feste, nicht veränderliche Inhalte angezeigt werden. Es ist auch möglich, Inhalte von Webseiten auszulesen, die zuerst individuelle Eingaben erfordern, um dann für den Anwender aufbereitete Inhalte anzuzeigen. Inhalte, die erst nach dem Ausfüllen von Formularen auf einer Webseite zugänglich sind, können auf diesem Weg ausgelesen werden. Das erlaubt auch, dynamisch erzeugte Inhalte zu erfassen. Zum Beispiel die Telefonnummer zu einem Namen und Ort auf der Webseite einer Telefonauskunft, das aktuelle Kinoprogramm einer Stadt auf einer Webseite, die Angebote eines Preisvergleichsportals für ein gezielt gesuchtes Produkt bei einem Web-Shop und vieles mehr.

Dapper ist ein wertvolles Werkzeug, um Inhalte aus dem Netz zu beziehen. Die Ergebnisse individueller Abfragen lassen sich leicht in einer Form bereitstellen, die zur automatisierten (Weiter-)Verarbeitung geeignet sind. Stellen Sie sich das wie die Herstellung einer *großen Kiste Steckbausteine* vor.

Anmerkung zu *Steckbausteinen*: In Dänemark gibt es ein Unternehmen, das bekannte *Steckbausteine* herstellt. Auf die Verwendung seines Namens durch Dritte reagiert das Unternehmen aber recht eigenwillig. Deshalb verwende ich den etwas ungewöhnlicheren Begriff. Denken Sie sich einfach an den jeweiligen Stellen den einfacher im Gedächtnis zu behaltenden Markennamen. Eine detailliertere Erklärung von Bastian Sick zu dem „sprachlichen und juristischen Problem der Steckbausteine" finden Sie unter kolumnen.de (Sick, 2005).

Als Rohmaterial dienen die Inhalte von Webseiten. In ihre Bestandteile zerlegt, können sie im Anschluss individuell neu zusammengesetzt werden. Um aber überhaupt erst einmal *die Kiste mit Steckbausteinen* zu erhalten, muss mit einer virtuellen Schere eine Webseite zunächst zerlegt werden. Das machen Werkzeuge wie Dapper.

Im Oktober 2010 wurde Dapper an Yahoo verkauft. Dazu sagte Eran Shir, dass der finanzielle Aspekt bei der Entscheidung nachrangig gewesen sei. Er erläuterte, mit dem Verkauf ein zukünftiges Wachstum von Dapper sowohl im kaufmännischen als auch im technischen Bereich zu gewährleisten. Kaufmännisch besonders durch neue Einnahmen im Bereich von Online-Werbung (Shir 2010). Zu diesem Zeitpunkt hatte Dapper bereits eine treue Gemeinde von Anhängern gewonnen. Deren Enttäuschung über die Fokussierung auf Online-Werbung zeigte sich in vielen Kommentaren im Internet. Marshall Kirkpatrick faste die Stimmung im Oktober 2010 in seinem Blog gut zusammen. Er beklagte, dass immer dann, wenn eine Lücke zwischen einer neuen Technologie und deren noch nicht vollständig verstandenen Möglichkeiten besteht, Werbung scheinbar der einzige Weg zur Finanzierung ist. Der schnelle Griff zum Geschäftsmodell Werbung vernichtet aus seiner Sicht viele Innovationen in einer frühen Phase (Kirkpatrick 2010). Aber es stellt sich natürlich auch die Frage, warum innovativen Unternehmen und den dahinter stehenden Menschen zur Finanzierung neuer Ideen meistens nur Werbung bleibt?

In letzter Zeit kommt es bei Dapper häufig zu technischen Problemen. Die Analyse von Webseiten bricht oftmals ab oder der Dienst ist überhaupt nicht zu erreichen. Die Ursachen für die

Probleme sind nicht eindeutig zu ermitteln.
Yahoo scheint das Interesse an der öffentlich ver-
fügbaren Version von Dapper verloren zu haben.
Eine Tatsache aber bleibt: Erin Shir und sein
Team leistete mit Dapper einen wichtigen Beitrag
zur pragmatischen Umsetzung des individuellen
Web 3.0 und inspirierte einige Nachfolger. Im in-
dividuellen Web 3.0 stehen deshalb immer mehr
Werkzeuge für den Zugriff auf Inhalte von Web-
seiten bereit.

Eine vielversprechende Alternative zu Dapper
fand ihren Ursprung im Hanoi Social Club in Vi-
etnam. Dort saßen im August 2013 Pratap Ranade und Ryan Rowe vor ihren Laptops. Beide hatten das Doktorandenprogramm an der Columbia
University in New York besucht, aber nach eini-
ger Zeit abgebrochen um von der Wissenschaft in
die Wirtschaft zu wechseln. Pratap Ranade startete eine Karriere bei McKinsey in New York, während Ryan Rowe ein Angebot von Frog Design in
Shanghai annahm. Das 1969 von Hartmut Esslin-
ger in Altensteig im Schwarzwald gegründete
Frog Design bietet Lösungen für Produktdesign,
digitale Medien und Geschäftsstrategie. Bekannt
wurde es durch seine Beteiligung am Design der
ersten Apple Computer. Heute befasst sich das
Unternehmen unter anderem mit der Gestaltung
nutzerfreundlicher Mensch-Maschine Schnittstellen.

Ein Aufgabengebiet in dem auch Ryan Rowe tätig war und dessen Einfluss heute in der gemeinsamen Arbeit mit Pratap Ranade deutlich erkennbar ist.

Ausgelöst durch ihre Jobs bei McKinsey und Frog Design verbrachten sie viel Zeit auf Dienstreisen, oftmals verbunden mit längeren Flügen. Eine Sache störte dabei sehr: es war schwierig vor einer Flugreise herauszufinden, welche Filme im Angebot der Bordunterhaltung auf sie warteten. Eine zentrale Webseite, die das Angebot der Bordunterhaltung für verschiedene Airlines zusammenfasst existiert nicht. Da beide, wann immer sich ihre Wege kreuzten, gerne an gemeinsamen Softwareprojekten arbeiteten beschlossen sie eine Lösung zu entwickeln.

Während der Arbeiten standen sie wiederholt vor der Herausforderung Datenquellen im Netz anzubinden die keinen maschinenlesbaren Zugriff auf ihre Inhalte bereitstellten. Das zwang sie, die erforderlichen Schnittstellen individuell zu programmieren. Eine aufwendige, ermüdende und darüber hinaus sehr zeitaufwendige Tätigkeit. Also erstellten sie, zunächst nur für den eigenen Bedarf, ein Werkzeug um Inhalte aus Webseiten einfach in eine maschinenlesbare Form zu überführen (Forrest, 2014). Die Lösung war so überzeugend, dass sie beschlossen die Webseite über Bordunterhaltung auf Flügen zurückzustellen und stattdessen das Werkzeug zum Auslesen von Webseiten weiterzuentwickeln. Der neue Dienst erhielt den Namen Kimono. Kimono ermöglicht es mit einem Browser Webseiten zu analysieren und deren Inhalte ohne umfassende technische Vorkenntnisse auszulesen. Das Angebot des im Kalifornischen Mountain View beheimateten Unternehmens ist sehr vielversprechend und bereits heute ein würdiger Nachfolger von Dapper. Jedem steht mit Kimono ein Werkzeug zur einfachen Gewinnung von Inhalten aus dem Netz zur Verfügung.

Kimono - Inhalte sammeln

Name des Werkzeugs: Kimono

Betreiber: Kimonolabs Inc.

Beschreibung:

Kimono erlaubt es, Inhalte direkt aus vielen Webseiten zu extrahieren und in verschiedenen Formaten (u.a. RSS und CSV) zur Weiterverarbeitung bereitzustellen. Eine besondere Fähigkeit von Kimono ist es, verschiedene Abfragen miteinander zu kombinieren. Dadurch können gezielt Inhalte von verschiedenen Seiten mit gleicher Struktur in einem Durchgang gesammelt werden.

Die von Kimono erstellte Ausgabe enthält dann nur noch die individuell abgefragten Inhalte. Auf diese Weise lassen sich sehr genau Inhalte im Netz erfassen und zur automatischen Weiterverarbeitung aufbereiten.

Erstmalig Online: Januar 2014

URL: https://www.kimonolabs.com

Zugangsvoraussetzungen:

Kimono bietet eine kostenfreie Nutzung mit beschränktem Datenvolumen, die für die meisten Anwender aber ausreichend ist. Es ist lediglich eine einmalige Registrierung erforderlich.

Tutorials:

- Kimono Dokumentation
- Kimono Video Tutorials

Beispiele (über Google leicht zu finden):

- Moz.com - Using Kimono Labs to Scrape the Web for Free
- An Independent Review of Kimono Labs Web Scraping Service

Vergleichbare Dienste:

- Feed43 (kostenpflichtig)
  http://www.feed43.com

Alle Links zu den Tutorials und Beispielen finden sich auch auf der Webseite zum Buch unter: **www.magaseen.de/MehrWert.html**.

Verwenden Sie Kimono nur in Verbindung mit Webseiten und Inhalten, zu deren Nutzung Sie berechtigt sind. Bitte beachten Sie in jedem Fall die Nutzungsbedingungen von Kimono.

Dirk Stähler

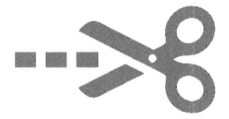

Auswertung und Kombination

Ausbruch aus dem Datengefängnis

Am Abend des 7. Februar 2007 schrieb Tim
O'Reilly, Gründer und CEO von O'Reilly Media,
in seinem Blog über einen *„Meilenstein in der Entwicklung des Internet"* (O'Reilly, 2007). Was hatte
den als Technologie-Visionär bekannten O'Reilly
dazu gebracht, einen so überschwänglichen
Kommentar auf seiner Internetseite zu veröffentlichen? Auslöser war ein neuer Internetdienst,
der am Vormittag desselben Tages im kalifornischen Sunnyvale vorgestellt wurde: Yahoo Pipes.

Der Übergang des Web of Documents (Web 1.0)
in das Web of Content (Web 2.0), wurde ange-
trieben durch die Einführung vieler neuer Technologien. Eine davon war das Real Simple Syndi-

cation (RSS) Format. RSS ermöglicht den Betreibern von Webseiten, Inhalte, ähnlich einen Nach-
richtenticker, in strukturierter Form zu verbreiten. Der daraus resultierende kontinuierliche
Fluss von Inhalten einer Webseite wird auch Feed
genannt. Zur Darstellung der Feeds werden spezielle Programme auch Feed-Reader genannt
verwendet. Vergleichbar mit einem Zeitschriften-
Abonnement kann sich ein Nutzer im Internet
mithilfe von Feeds automatisch über inhaltliche
Änderungen auf Webseiten informieren lassen,
wenn die betrachteten Seiten einen RSS-Feed anbieten. Einmal abonniert, liefert ein Feed kontinuierlich aktuelle Informationen zur ausgewählten
Webseite. Es ist nicht mehr erforderlich, die Webseite regelmäßig selber aufzurufen, um Veränder-
rungen an ihrem Inhalt zu erfahren. Der Feed-
Reader informiert automatisch, ähnlich einem
E-Mail-Programm, über alle Veränderungen in
übersichtlicher Form.

Nahezu alle großen Webseiten verfügen heute
über einen RSS- oder – als neueres Format –
Atom-Feed. Zum Beispiel bietet Spiegel-Online
Feeds zu verschiedenen Themen an. Darunter
„Aktuelle Meldungen", „Top-Meldungen" und
spezielle Informationen aus einzelnen Ressorts
(Spiegel RSS-Feeds). Einfluss auf die Inhalte eines
Feeds haben normale Internetnutzer aber nicht.
Der Betreiber einer Website legt fest, welche In-
halte verteilt werden. Die Filterung nach eigenen

Kriterien ist meist nur direkt im Feed-Reader möglich. Das Feeds durch einen Abonnenten manipuliert und verändert werden, ist gar nicht vorgesehen. Genau das änderte sich mit dem von Tim O'Reilly beschriebenen „Meilenstein". Mithilfe von Pipes kann jeder Anwender Feeds einlesen, analysieren, kombinieren, filtern, verändern und wieder veröffentlichen. Das besondere an Pipes ist, dass zur Nutzung keine umfassenden technischen Kenntnisse benötigt werden. Der gesamte Ablauf zur Bearbeitung eines Feeds wird grafisch erstellt. Der Name Pipes entstand in Anlehnung an eine Funktionalität von UNIX-Betriebssystemen und drückt die Verkettung von Arbeitsschritten aus. Befehle an das Betriebssystem können dort verkettet ausgeführt werden. Die Ausgabe eines Befehls dient als Eingabe des Nachfolgenden und so weiter. So entsteht eine Befehlskette (Pipe), die automatisch vom Computer abgearbeitet wird. Genau dem gleichen Prinzip folgt Yahoo Pipes bei der Bearbeitung von Feeds. Der Dienst ermöglicht es jedem Nutzer, im Internet Inhalte von Feeds zu filtern, zu bearbeiten, zu verändern und erneut zu publizieren. Alle erforderlichen Operationen werden auf Computern von Yahoo ausgeführt. Zur Nutzung muss nur eine Pipe erstellt und aktiviert werden. Direkt danach sind die individuell bearbeiteten Inhalte als Feed im Netz verfügbar.

Pipes erlaubt die Kombination und gemeinsame Verarbeitung mehrerer Feeds nach frei wählbaren Kriterien. Ergebnisse können in verschiedenen Formaten ausgegeben werden und stehen so zur weiteren Verwendung in anderen Werkzeugen bereit. Doch damit nicht genug. Die besondere Fähigkeit von Pipes liegt darin, auch Inhalte von Webseiten, die gar keinen Feed anbieten, auszulesen. Ähnlich wie mit Kimono können Inhalte im Internet für eine weitere Verwendung eingesammelt und zur automatischen Weiterverarbeitung bereitgestellt werden.

Wenn Kimono das Werkzeug ist, um Steckbausteine aus den Inhalten im Netzes zu erzeugen, dann ist Pipes das Werkzeug, um Bausteine nach bestimmten Kriterien zu sortieren und zu verteilen. Darüber hinaus kann Pipes zusätzlich noch etwas, was in der realen Welt der Steckbausteine nicht möglich ist: Inhalte aus dem Internet können umfassend manipuliert werden. Übertragen bedeutet das zum Beispiel, aus roten Bausteinen mit vier Noppen unter Berücksichtigung individueller Regeln blaue mit acht Noppen zu erstellen. So eröffnet sich die Möglichkeit, auf einfache Weise Inhalte des Netzes zu verarbeiten. Die Kombination von Kimono und Pipes ist der nächste Schritt zur Verwirklichung des individuellen Web 3.0.

Obwohl Pipes neben RSS- und Atom-Feeds auch andere Formate als Eingaben akzeptiert, liegt der Schwerpunkt doch eindeutig auf den beiden genannten Formaten. Beide Formate wurden in den letzten Jahren häufig als veraltet bezeichnet. Es kamen zunehmend Stimmen auf, die ein nahes Ende von RSS- und Atom-Feeds vorhersagten. Bis heute hat sich diese Prophezeiung nicht bewahrheitet. Ganz im Gegenteil. Aktuelle Statistiken belegen, dass die Verbreitung und Nutzung von Feeds in den letzten Jahren sogar leicht gestiegen ist. Besonders bei den „Top-Millionen-Webseiten", die von Nutzern im Internet sehr häufig aufgesucht werden. Feeds stehen in den Bereichen produzierendes Gewerbe, Nachrichten-Portale, Technologieanbieter, Handel, Unterhaltung, soziale Medien, Sport, Erotik und Bildung immer noch in wachsender Zahl zur Verfügung (BuiltWith.com, 2013). Bei dem Ziel, Inhalte im Netz individuell zu nutzen, sind RSS- und Atom-Feeds für den normalen Anwender eine große Hilfe. Denn ohne Sammlung und Bearbeitung von Inhalten aus dem Netz, zum Beispiel durch die Kombination von Kimono und Pipes, ist die Umsetzung des individuellen Web 3.0 nicht möglich. Das gilt sowohl für direkt oder erst durch Nachbearbeitung verwertbare Inhalte. Bei direkt verwertbaren Inhalten ist nur deren Struktur für eine automatische Weiterverarbeitung aufzubereiten. Inhaltlich ist keine Veränderung erforderlich. Beispiele sind Flugpreise auf

Reiseportalen, Adressdaten aus einem online Telefonbuch, das lokale Wetter auf einem meteorologischen Portal, die finanziellen Kennzahlen eines Unternehmens auf seiner Homepage oder ein Artikel zu einem gesuchten Thema auf einem Newsportal. Inhalte, die erst einer Nachbearbeitung bedürfen, bevor sie automatisiert verwertbar sind liefern zunächst keine direkte Antwort auf eine Frage. Zu deren Beantwortung wären eindeutige Antworten erforderlich. In solchen Fällen werden Inhalte oft aus mehreren Quellen zusammengestellt, verknüpft und aufbereitet. Häufig sind die Ergebnisse im Anschluss noch von Menschen zu interpretieren. Wer zum Beispiel die Abhängigkeit zwischen den Erwähnungen eines Unternehmens auf Twitter und dessen Börsenkurs untersuchen möchte, kann die erforderlichen Daten aus dem Netz gewinnen. Die gesammelten Daten müssen aber über einen längeren Zeitraum gesammelt und zusammengeführt werden, um ausreichend sichere Aussagen zu treffen. Die Sammlung von Rohdaten im Netz ist mitunter aufwendig und erfordert Kenntnisse in der Programmierung. Werkzeuge wie Kimono und Pipes vereinfachen diese Arbeitsschritte erheblich. In vielen Fällen kann eine Lösung sogar ganz ohne Programmierung erstellt werden. Dadurch dass sie auch dem normalen Anwender ohne umfassende technische Kenntnisse zur Verfügung stehen, demokratisieren sie die Nutzung der Inhalte im Netz.

Überprüfen Sie doch einmal die vermutete Kausalität zwischen Twitter-Erwähnungen und dem Börsenkurs eines Unternehmens für Ihr privates Aktienportfolio und optimieren Sie Ihre privaten Investitionsentscheidungen. Wie das geht, können Sie bei Eduardo J. Ruiz und seinen Kollegen von der University of California nachlesen (Ruiz, Hristidis, Castillo, Gionis, & Jaimes, 2012). Yahoo Pipes ist ein Werkzeug, das Ihnen bei der Sammlung der erforderlichen Daten hilft.

Tim O'Reilly bewertete Pipes deshalb so euphorisch, weil er seit mehr als zehn Jahren auf diese Lösung gewartet hatte. Eine Lösung, die es auch normalen Nutzern erlaubt, Inhalte aus dem Netz in einer Form zu nutzen, die von dem ursprünglichen Anbieter der Inhalte nicht vorgesehen war. Und das alles, ohne die Notwendigkeit, selber Programmieren zu lernen. Für ihn war es der Startschuss zum „programmierbaren" Internet für alle (O'Reilly, 2007). Yahoo ermöglichte mit Pipes einen Blick in die Zukunft des Internets und öffnete die Tür zu Timothy Berners-Lees *Web of Data* aus einer völlig neuen Richtung. Anstatt auf die Einführung eines allgemein gültigen und von möglichst vielen Webseiten genutzten semantischen Standards zu warten, stellte Yahoo mit Pipes ein leicht zu bedienendes Werkzeug bereit, mit dem jeder Nutzer wertvolle Inhalte selber extrahieren und zur Weiterverwendung beziehen kann.

Dirk Stähler

Der Streit um Inhalte

Im Web 1.0 konnten Inhalte in der Regel „nur"
betrachtet und von Nutzern nicht verändert werden. Eigene Beiträge zu fremden Webseiten hinzuzufügen war fast unmöglich. Um Inhalte über
mehrere Webseiten hinweg zu verknüpfen und
zu analysieren, waren entweder Programmier-
kenntnisse oder ein hoher manueller Arbeitsein-
satz erforderlich. Jeder der einmal versucht hat,
durch Kopieren und Einfügen Inhalte verschiedener Webseiten zusammenzufassen, stand bereits in den neunziger Jahren aufgrund der hohen
Informationsmenge im Netz vor einer fast unlösbaren Aufgabe. Die regelmäßige Aktualisierung
manuell gesammelter Inhalte war völlig unmöglich.

Das Web 2.0 ermöglichte erstmals die Beteiligung
des „normalen" Nutzers an der Erstellung, Ergänzung und Veränderung von Inhalten. Es be-
schränkte uns Nutzer aber meistens auf eine
Plattform. Die Anbieter von Web 2.0 Lösungen,
zum Beispiel im Bereich sozialer Netzwerke, versuchen mit technischen und juristischen Einschränkungen zu verhindern, dass Inhalte außerhalb der eigenen Plattform genutzt werden. Wir
können – und sollen – heute auf geschlossenen
Webseiten freigiebig Inhalte liefern. Nach Möglichkeit auch viele private Inhalte. Bei deren Nutzung werden wir aber von den Betreibern der

—

80

Webseiten eingesperrt. Individuelle Verknüpfungen von Inhalten über die Grenzen voneinander unabhängiger Anbieter hinweg sind meistens nicht möglich. Die Verknüpfung wird häufig absichtlich erschwert oder verhindert. An dieser Stelle wird Potenzial für Innovationen verschenkt. Sobald wir versuchen, Inhalte außerhalb des geschlossenen Systems eines Anbieters zu nutzen, stoßen wir auf erhebliche Widerstände. Diese Widerstände werden aber nicht nur gegenüber dem Endbenutzer deutlich. Auch kommerzielle Anbieter geraten in der Web 2.0-Welt in Konflikte. Ein aktuelles Beispiel ist der Rückzug der im Condé Nast Verlag erscheinenden Magazine Wired und The New Yorker aus dem Angebot des Social Media Magazins Flipboard. Flipboard verbindet Inhalte aus verschiedenen Nachrichtenquellen und sozialen Netzwerken zu einem individuellen digitalen Magazin. Das 2010 in Palo Alto, Kalifornien gegründete Unternehmen nutzt dazu u. a. die bereits erwähnten RSS-Formate, um Inhalte im Netz zu sammeln und in ihrer eigenen Anwendung darzustellen. Seit Dezember 2012 muss die mit verschiedenen Designpreisen für ihre innovative Darstellung ausgezeichnete App aber auf speziell für Flipboard angepasste Inhalte von Wired und The New Yorker verzichten. Begründet wurde der Rückzug mit Unstimmigkeiten im Bereich der Online-Werbung. Flipboard verlangt die Einhaltung strenger Regeln für die Anzeige von Werbung und bei der Verteilung der erzielten Erlöse (Indvik, 2012). Durch den Rückzug von Wired und The New Yorker fallen für die Nutzer speziell aufbereitete Inhalte mit einem Schlag weg. Wer weiter Wired oder The New Yorker mit Flipboard lesen möchte, erhält keine ansprechend für das Layout der App angepassten Darstellungen mehr, sondern wird nur noch auf die normale Webseite der Magazine verwiesen. Damit bietet Flipboard dem Leser bei den genannten Titeln seit Dezember 2012 keinen Mehrwert mehr. Das Beispiel zeigt, welchen Einfluss Anbieter von Inhalten auf deren Nutzung nehmen können. Die Bestrebungen im Web 2.0, Inhalte in einem möglichst geschlossenen und kontrollierbaren System zu halten, führen dazu, dass normalen Nutzern die Möglichkeit genommen wird, selbstständig darüber zu entscheiden, in welcher Form Inhalte bezogen und miteinander kombiniert werden können. Die „Besitzer" der Inhalte versuchen soweit es geht die Kontrolle zu behalten. Das innovative Potenzial, welches durch die individuelle Verknüpfung freigesetzt werden könnte, entfaltet sich auf diesem Weg nicht. Es wird durch die Angst vor dem Verlust von Einfluss auf den Endanwender wo immer möglich beschnitten.

Erhalten Nutzer aber freien Zugriff auf Inhalte, entstehen häufig faszinierende Lösungen. Dann wird die Kreativität einzelner Internetnutzer deutlich. Zum Beispiel ist nicht einzusehen, dass zur Aktualisierung der persönlichen Daten in beruflich genutzten sozialen Netzwerken jede Webseite einzeln aktualisiert werden muss. Warum können die Anpassungen in einem Netzwerk nicht direkt in ein weiteres, ggf. auch konkurrierendes Netzwerk, übertragen werden? Berufliche Einträge sind meistens identisch. Die Arbeitserleichterung durch zentrale Pflege persönlicher Daten in verschiedenen sozialen Netzwerken überzeugt vielleicht noch nicht jeden von dem Vorteil, flexibel auf die Inhalte im Netz zuzugreifen. Deutlicher wird es bei Inhalten, deren Wert für uns Nutzer durch Kombination erheblich steigt. Beispielsweise die übergreifende Zusammenfassung von Preisevergleichen verschiedener Portale. Mehr Informationen über Preise aus verschiedenen Quellen erhöhen die Wahrscheinlichkeit, wirklich gute Angebote zu erhalten.

Ein paar Unternehmen haben die Chancen für neue innovative Produkte und Dienstleistungen erkannt, die darin verborgen liegen. KLM Royal Dutch Airlines und die sozialen Netzwerke Facebook und LinkedIn liefern ein zunächst nicht offensichtliches Beispiel für die Verbindung ihrer Inhalte. Seit dem Frühjahr 2012 kann jedes Mitglied von LinkedIn und Facebook bei der Buchung eines KLM Fluges sein Profil für zukünftige Mitreisende öffnen. Das Angebot hat den Namen „Meet and Seat". Für jeden teilnehmenden Passagier besteht bei der Auswahl eines Sitzplatzes die Möglichkeit, sich im Vorfeld darüber zu informieren, wer neben einem sitzen wird, wenn auch dieser Passagier den Zugriff auf seine Konten bei Facebook oder LinkedIn erlaubt hat. Darüber vorher Bescheid zu wissen, habe ich mir nach einigen meiner Flüge gewünscht. Alleine, um besser planen zu können, wo ich nicht sitzen möchte. Auch wenn der Zugriff auf Buchungsdaten von Fluggesellschaften nicht für jeden frei verfügbar sein sollte, sind in vielen, weniger sensiblen Bereichen, durch die Verknüpfung unterschiedlicher Inhalte neue innovative Angebote vorstellbar. Warum nicht den Online-Kalender mit einem Staufinder verbinden, der rechtzeitig bei auswärtigen Terminen vor möglichen Verkehrsstörungen auf dem Heimweg warnt? Warum nicht einen Assistenten im Netz nach günstigen Flug-Schnäppchen nach Nordamerika suchen lassen, wenn im Sommer ein Urlaub in dieser Region geplant ist? Wenn Anbieter aber aktiv verhindern, dass „ihre" Inhalte für die Umsetzung innovativer Ideen genutzt werden, ist die Begeisterung von Tim O'Reilly zu verstehen. Kimono und Pipes demokratisierten den Zugriff auf Inhalte und die Entwicklung individueller Angebote im Netz.

Es ist nicht mehr zwingend erforderlich, über umfassende technische Kenntnisse zu verfügen, um eigene Anwendungen basierend auf den Inhalten des Netzes zu realisieren. Seit 2007 entstehen mithilfe der genannten Werkzeuge regelmäßig Beispiele dafür, wie das individuelle Web 3.0 umgesetzt werden kann.

Internetnutzer vereinfachen die Suche nach Apartments, basierend auf Immobilienanzeigen verschiedener Portale inklusive Darstellung der Treffer auf digitalen Landkarten, sie erstellen Lösungen zur automatischen Verteilung von Verkehrsmeldungen inklusive Stauanzeige, überwachen Kurznachrichten auf bekannten Microblog-Diensten und vieles mehr.

Interessant ist, dass Yahoo niemals versucht hat, eine kostenpflichtige Nutzung von Pipes einzuführen. Der Service wird bis heute kostenfrei in vollem Funktionsumfang angeboten. Bleibt zu hoffen, dass Yahoo den Dienst noch lange in dieser Form weiter betreibt. Ohne Pipes wären viele Lösungen rund um das individuelle Web 3.0 nicht denkbar. Ebenso interessant ist allerdings, dass der große Durchbruch für Pipes ausblieb. Nick O'Neill, Gründer von AllFacebook.com, vermutet als Grund, dass Pipes für den normalen Nutzer zu kompliziert ist und einige Jahre zu früh am Markt war (O'Neill, 2012). Der Analyse von O'Neill stimme ich nur im zweiten Teil zu. Sicherlich ist Pipes nicht auf Anhieb intuitiv zu verstehen. Mit etwas Einarbeitung können aber auch technisch weniger versierte Anwender tolle Ergebnisse erzielen. O'Neill hat aber recht mit seiner Vermutung, dass Pipes zu früh am Markt war. Seine Analyse geht jedoch nicht weit genug. Zu früh am Markt bedeutet auch, dass gefragt werden muss, vor welcher Entwicklung es zu früh war? Um Lösungen zur Auswertung und Kombination von Inhalten, wie zum Beispiel Pipes, zum Durchbruch zu verhelfen, fehlten bis vor kurzem noch zwei Fähigkeiten: die einfache Automatisierung von Abläufen im Internet und die Möglichkeit, jederzeit und an jedem Ort mobil auf das Internet zuzugreifen. Beides ist heute möglich.

Pipes – Inhalte auswerten

Name des Werkzeugs: Yahoo Pipes

Betreiber: Yahoo! Inc.

Beschreibung:

Yahoo Pipes erlaubt es, Inhalte aus Feeds (RSS- oder Atom-Feeds), Webseiten und anderen strukturierten Datenquellen zu lesen und auf vielfältige Weise miteinander zu verbinden. Im Internet gesammelte Inhalte können gefiltert, ergänzt, verändert und kombiniert werden. Pipes stellt dafür eine Vielzahl verschiedener Module und Funktionen bereit. Die sequenzielle Verknüpfung

der Funktionen von Pipes erlaubt, auch komplizierte Bearbeitungsschritte einfach in einem gra-
phischen Editor zusammenzustellen. Umfangrei-
che Informatik-Kenntnisse sind nicht erforderlich. Zum Beispiel lassen sich RSS-Feeds verschiedener Portale gezielt nach Informationen zu
einem Unternehmen durchsuchen, filtern und in
einer einzigen Ausgabe kombinieren. Pipes liefert
dann zuverlässig jede neue Information, die auf
einer der beobachteten Webseiten zu frei gewähl-
ten Schlagworten auftaucht. Wettbewerbsbe-
obachtung war noch nie so einfach. Anstatt verschiedene Quellen im Netz selber im Blick zu behalten, erledigt Pipes die Arbeit – kontinuierlich
und ohne Pause.

Erstmalig Online: Februar 2007

URL: http://pipes.yahoo.com/pipes/

Zugangsvoraussetzungen: Pipes steht kostenfrei
zur Verfügung. Es ist lediglich eine einmalige
Registrierung erforderlich.

Tipp: Wenn Sie bereits über ein Yahoo-Konto verfügen, können Sie Pipes auch mit Ihren vorhandenen Zugangsdaten nutzen.

Tutorials:

- Learn How to Build a Pipe in Just a Few Minutes
- Yahoo! Pipes Dokumentation
- Squidoo.com Pipes Guide
- Google Tech Talks Pipes Video

Beispiele (über Google leicht zu finden):

- Datenjournalist.de Filtern des RSS-Feeds des Bundestags
- t3n.de Medienbeobachtung mit Yahoo! Pipes
- Zeit.de Ab durch die Röhre

Vergleichbare Software:

- Huginn (kostenfrei) https://github.com/cantino/huginn

Alle Links zu den Tutorials und Beispielen finden sich auch auf der Webseite zum Buch unter: **www.magaseen.de/MehrWert.html**.

Verwenden Sie Yahoo! Pipes nur in Verbindung mit Webseiten und Inhalten, zu deren Nutzung Sie berechtigt sind. Bitte beachten Sie in jedem Fall die Nutzungsbedingungen von Yahoo! Pipes.

Das arbeitende Netz

Jetzt lassen wir machen

Das Internet ist aus unserem Leben nicht mehr wegzudenken. Wir versenden E-Mails und Kurznachrichten, schreiben Mikro-Blogs auf Twitter, verknüpfen uns mit anderen Menschen auf sozialen Netzwerken, speichern Dokumente, Bilder und Videos in der Cloud, erstellen Dokumente und Tabellen mit webbasierter Bürosoftware, lesen Nachrichten in Feeds und greifen auf spezialisierte Informationsquellen – wie zum Beispiel Börsenportale – zu. Die Auflistung ist bei weitem nicht vollständig. Meistens nutzen wir für jeden dieser Dienste einen anderen Anbieter. Die Ursache dafür liegt in der Vergangenheit des Internets. Jeder heute populäre und in seinem Gebiet marktführende Dienst fokussierte sich in seiner Anfangsphase zunächst auf einen speziellen Schwerpunkt.

Google konzentrierte sich auf die Suche von Inhalten im Netz. Facebook auf den Aufbau eines privaten sozialen Netzwerks zwischen Studenten. Twitter begann mit der Verbreitung von öffentlich zugänglichen Kurznachrichten. WhatsApp, der weltweit am häufigsten genutzte Kurznachrichtendienst, platzierte sich als Alternative zur SMS. Dropbox startete mit der einfachen Bereitstellung eines Cloud-Speichers für private Nutzer. Diese Liste lässt sich noch um einige populäre Internetangebote erweitern. Jedem dieser Dienste ist es zunächst gelungen, in seiner Nische die Position des Marktführers zu erobern.

Wer in den letzten Jahren E-Mails und Kurznachrichten im Netz verschickte, sich in einem sozialen Netzwerk anmeldete, Bilder und Videos im Netz speicherte oder einen anderen kostenfreien Dienst im Netz nutzte, landete fast zwangsläufig irgendwann bei den jeweiligen Marktführern. In der Folge verwenden die meisten Anwender heute eine Vielzahl unterschiedlicher Dienste von verschiedenen Anbietern. Erst mit dem individuellen Wachstum erweiterten die webbasierten Dienste ihr Angebot. Google entwickelte Office-Lösungen und einen E-Mail-Dienst, Facebook eine Messenger-App für Smartphones, Twitter erkannte das Potenzial der eigenen Plattform zur Veröffentlichung von Nachrichten und entwickelt sich langsam zum Medienhaus (Reißmann 2012), WhatsApp möchte die zentrale Anwendung für Nachrichten auf mobilen Geräten werden und Dropbox erweitert sein Angebot um spezielle Lösungen für Unternehmenskunden.

In den letzten Jahren entstanden so vermehrt Überschneidungen bei den Angeboten, die den Wettbewerb um den Nutzer verstärken. Neben den vergleichbar jungen Unternehmen wie Google, Facebook oder Dropbox, die teilweise weniger als zehn Jahre am Markt sind, drängen verstärkt auch etablierte Unternehmen in die neuen Geschäftsfelder. Microsoft stellte mit Office 360° eine Online-Lösung seiner bekannten Bürosoftware und einen Online-Speicher ins Netz. Apple startete den Kurznachrichtendienst iMessage, bietet mit der iCloud ebenfalls einen Online-Speicher und veröffentlichte erst kürzlich eine Online-Version seiner Büro-Software iWorks, die jedem frei zur Verfügung steht. Sogar die Deutsche Telekom möchte auf dem Markt mitmischen. Neben den traditionellen Dienstleistungen im Telefon- und Datennetz werden verstärkt Angebote wie die TelekomCloud und der Musikdienst MusicLoad ausgebaut.

The winner doesn't take it all

Obwohl die Unternehmen bemüht sind, immer mehr Lösung aus einer Hand anzubieten, greifen Nutzer dennoch lieber auf den im jeweiligen Markt führenden Anbieter zurück. Web.de und

GMX von United Internet sind die in Deutschland am häufigsten genutzten E-Mail Dienste (Kulka 2011). Bei den als SMS-Ersatz gedachten Kurznachrichten-Diensten liegt WhatsApp deutlich vor iMessage von Apple und anderen Angeboten (Kuittinen 2012). Im Bereich MicroBlogging ist Twitter immer noch der am häufigsten genutzte Dienst, obwohl andere Anbieter wie zum Beispiel Tumblr ähnliche Funktionen entwickelt haben. Bei sozialen Netzwerken spielt Facebook eine wichtigere Rolle als Google+ (Greif 2011). Facebook kann diesen Vorsprung erstaunlicherweise behaupten, obwohl es von vielen Anwendern kritisch gesehen wird und Sympathien verliert (ACSI 2012). Offensichtlich behalten internetbasierte Dienste nach Überschreiten einer kritischen Masse von Anwendern eine hohe Bindungskraft. Der bei Facebook besonders deutliche Effekt wird auch andere webbasierte Dienste für eine gewisse Zeit stabilisieren. Mittelfristig ist nicht damit zu rechnen, dass es zu einer Konsolidierung bei einem oder wenigen Anbietern kommt. Ganz im Gegenteil. Internetnutzer verwenden zunehmend verschiedene Quellen für den Bezug von Inhalten aus dem Netz. Das gilt besonders für die Bereiche Nachrichten, soziale Netzwerke, Unterhaltung, Navigation, Finanzen und Online-Einkauf (Accenture 2012). Neben der fast schon als „traditionell" zu bezeichnenden Nutzung des heimischen PC, zeigt sich der Trend auch auf den zunehmend verbreiteten Smartphones. Deutsche Nutzer haben im Schnitt auf ihren Smartphones 24 verschiedene Apps installiert, die Inhalte aus dem Netz für sie beziehen (Google 2012c).

Durch die Verwendung verschiedener Anbieter ergibt sich – vielfach unbeabsichtigt – noch ein weiterer Vorteil für die Nutzer: besserer Datenschutz. Wenn unterschiedliche persönliche Inhalte bei verschiedenen Anbietern gespeichert sind, ist die Erstellung von umfassenden Nutzerprofilen deutlich erschwert. Das ist zwar keine Garantie für wirklichen Datenschutz, aber für den normalen Nutzer zumindest eine einfache Möglichkeit, um den Missbrauch seiner persönlichen Daten zu erschweren. Der Nachteil dieser fragmentierten Landschaft von Internet-Diensten ist aber, dass Inhalte meistens nicht auf einfachem Weg miteinander verknüpft werden können. Wer zum Beispiel einen Online-Kalender bei Google verwendet, möchte vielleicht gerne vor einem Termin automatisch auf seinem iPhone oder iPad erinnert werden, ohne gezwungen zu sein eine permanente Synchronisation der Kalender von Google mit dem iOS-Gerät einzurichten. Von Hause aus bieten weder Google noch Apple diese verknüpfte Funktion in ihren Diensten an. Erforderlich wäre eine einfach zu bedienende „Schnittstelle", die es erlaubt, flexibel bedeutende Online-Angebote im Netz zu verbinden.

Eine Idee, wie diese „Schnittstelle" realisiert werden kann, entstand an einem ungewöhnlichen Ort.

Netz-Werkzeuge einfach verknüpft

Im Sommer 2010 stand Linden Tibbets in der Schlange eines indischen Fastfood-Restaurants in San Francisco. Anstatt sich mit der Speisekarte zu beschäftigen, kreisten seine Gedanken um ein Problem in einem Software-Projekt, das er mithilfe der ereignisorientierten Programmierung lösen wollte (Tibbets 2010). Die ereignisorientierte Programmierung ermöglicht, dass Computer flexibel auf Veränderungen in ihrer Umwelt reagieren. Bei der Entwicklung einer Software muss der Ablauf eines Programms dann nicht mehr exakt festgelegt werden. Dem Programm wird lediglich vorgegeben, wie es auf Ereignisse zu reagieren hat. Unabhängig wann und in welcher Reihenfolge sie eintreten. Das Konzept ist einfach: Treten während der Ausführung eines Programms bestimmte Zustände auf, reagiert die Software mit einem dazu passenden Verhalten. Vereinfacht vorstellbar als WENN-DANN-Regel. WENN ein bestimmtes Ereignis eintritt, DANN wird eine zugeordnete Aktion durch das Programm ausgeführt.

Werden zum Beispiel durch den Nutzer bestimmte Eingaben getätigt oder melden Sensoren Veränderungen, dann reagiert das Programm mit dem zum „Ereignis" festgelegtem Verhalten.

Während Linden in der Schlange des Fastfood-Restaurants wartete, kam ihm die Idee, im Internet verfügbare Dienste wie E-Mail, Online-Kalender, soziale Netzwerke u. s. w. nach einem vergleichbaren Prinzip miteinander zu verknüpfen. Ereignisse bei einem Dienst sollten Aktionen bei einem anderen Dienst im Internet auslösen. Linden war davon überzeugt, dass durch die individuelle Verknüpfung webbasierter Dienste der Nutzen der jeweiligen Anwendungen erheblich steigt. Wahrscheinlich würden sich durch die Kreativität vieler, frei mit den bestehenden Diensten experimentierender Menschen sogar bisher völlig unbekannte Lösungen entwickeln (Tibbets 2010). Die Idee faszinierte ihn so sehr, dass er mit seinem Freund Jesse Tane begann, an der Verknüpfung webbasierter Dienste zu arbeiten. Im Dezember 2010 wurde das Ergebnis erstmals der Öffentlichkeit vorgestellt: IFTTT. Der Name steht für die englische Bezeichnung von WENN-DANN-Verknüpfungen: IF This Then That = IFTTT.

IFTTT ermöglicht auf einfache Weise Beziehungen zwischen unabhängigen Diensten im Internet herzustellen. Mit leicht verständlichen WENN-

DANN-Verknüpfungen können bereits viele bekannte Webanwendungen gekoppelt werden. Bei Eintritt eines Ereignisses innerhalb des auslösenden Dienstes wird eine Aktion bei einem anderen Dienst aktiviert. Zum Beispiel kann die Verknüpfung des persönlichen Online-Kalenders von Google mit dem iPhone und iPad von Apple ohne technische Kenntnisse realisiert werden. Um den gesamten Ablauf bis zum Smartphone zu automatisieren ist nur die Erstellung eines Kontos beim Dienst Pushover (https://pushover.net) und der einmalige kostenpflichtige Download der erforderlichen Software für das iPhone, iPad oder Android-Gerät zum Preis von 4,49 € (Stand 13.10.2013) erforderlich.

Verglichen mit anderen Lösungen zur Umsetzung des individuellen Web 3.0, wie zum Beispiel Pipes, ist IFTTT für den normalen Nutzer deutlich einfacher zu bedienen. Das wird dadurch erreicht, dass der Nutzer nur vorgefertigte Verknüpfungen verwenden kann. Eigene Erweiterungen vorzunehmen ist nicht möglich. Auch die Möglichkeit zur Bearbeitung der zwischen den Diensten ausgetauschten Inhalte ist beschränkt. Linden Tibbets bezeichnet die flexible Verbindung digitaler Dienste durch IFTTT als digitales Klebeband. Diese Analogie ist in der Tat nicht falsch. IFTTT erlaubt individuelle Verknüpfungen zwischen verschiedenen Internetdiensten, die von den jeweiligen Anbietern nicht vorgesehen sind. Gleichzeitig weist Linden Tibbets aber auch darauf hin, dass IFTTT durch die Vereinfachung in der Bedienung nur begrenzte Möglichkeiten zur Nutzung digitaler Informationen bietet. Er geht jedoch davon aus, dass alleine mit den bereitgestellten Funktionen Aufgaben und Arbeiten in einer Form automatisiert werden können, an die bisher noch keiner gedacht hat (Tibbets 2010). Zurzeit bietet IFTTT 77 populäre Webdienste, genannt Kanäle, an. Darunter auch Verknüpfungen für Google-Kalender, Twitter, Facebook, Dropbox oder LinkedIn. Welche Kombinationen erstellt werden, ist nur durch die Kreativität der Nutzer begrenzt. Fast alle Dienste lassen sich miteinander verbinden. Es können Benachrichtigung auf ein Mobiltelefon geschickt werden, wenn im Internet Kleinanzeigen zu einem bestimmten Produkt auftauchen, mit einer E-Mail zu Hause das Licht eingeschaltet werden, bei Auslieferung eines Paketes eine Telefonnummer zur Benachrichtigung gewählt werden und vieles mehr. Kosten fallen für den Dienst nicht an.

Ganz neue Lösungen entstehen, wenn IFTTT mit Pipes und Kimono kombiniert wird. Dann ist es möglich, Inhalte aus dem Internet einzubeziehen, für die IFTTT von Hause aus keine Verknüpfungen bereitstellt. Besonders wichtig ist dafür das RSS-Format. Kimono und Pipes sind in der Lage, aus den von ihnen gesammelten, analysierten, kombinierten und verarbeiteten Inhalten RSS-

Feeds zu erzeugen. Weitergegeben an IFTTT gelingt es, eine Vielzahl der im Internet verfügbaren
Inhalte für sich arbeiten zu lassen. Dadurch entstehen Lösungen, deren Realisierung für den
normalen Internetnutzer bis vor kurzem noch
undenkbar war. Sammeln Sie doch einmal Fo-
rumseinträge in einem Online-Speicher zur späteren Analyse. Verfolgen Sie, wer wann was zu
welchem Thema im Netz schreibt. Überwachen
Sie Ihren digitalen Schatten im Internet, um zu
sehen, was über Sie veröffentlicht wird. Das ist
nicht nur für Prominente interessant. Über viele
von uns wird auf Facebook und Co. mehr ge-
schrieben, als uns manchmal lieb ist. Wir sollten
zumindest darüber informiert sein. Dabei können
die genannten Werkzeuge helfen.

Die Verknüpfung von Kimono, Pipes und IFTTT
zeigt bereits, welche Fähigkeiten zur Automatisierung des Internets auch dem normalen Nutzer
in Zukunft zur Verfügung stehen werden.

*„Der Nutzen eines semantischen Netzes wird erst
freigesetzt, wenn Menschen beginnen Software-
Agenten (Programme) zu bauen, die Inhalte aus diversen Quellen sammeln, verarbeiten und mit anderen
Programmen austauschen. Der Effekt solcher Software-Agenten wird exponentiell wachsen, je mehr ma-
schinen-lesbare Inhalte und automatische Dienste zu
deren Verarbeitung bereitstehen.“* (Berners-Lee et al.
2001)

Als Timothy Berners-Lee das im Magazin „Scientific American" schrieb, ging er noch davon aus, dass zur Umsetzung dieser Vision standardisierte für Maschinen lesbare Inhalte erzeugt werden müssten. Die heute verfügbaren Lösungen funktionieren anders. Ihr Fokus liegt darauf, einfache Schnittstellen für häufig genutzte Webdienste bereitzustellen und es jedem Nutzer zu überlassen, wie er diese verknüpft. Der Aufbau einheitlicher Strukturen, nach denen Inhalte im Netz beschrieben werden müssen, um deren übergreifenden Austausch zu erleichtern – zum Beispiel RDF oder WOL –, ist in vielen Fällen nicht mehr erforderlich. Die flexible und individuelle Verbindung von Inhalten gewinnt an Bedeutung. Anwender digitaler „Scheren", „Schablonen" und „Klebebänder" können Inhalte aus dem Netz ohne technische Kenntnisse miteinander verknüpfen. Nach allgemein gültigen Standards für Maschinen aufbereitete Inhalte werden nicht mehr benötigt. Erforderliche Anpassungen nimmt jeder Anwender selbst vor. Natürlich bieten die vorgestellten Dienste zunächst nur grundlegende Funktionalitäten zur Verknüpfung. Das ist aber für viele Einsatzfelder völlig ausreichend, wenn Nutzer die Herrschaft über die Inhalte erhalten. Für uns Anwender besteht die größte Herausforderung dann nur noch darin, Inhalte, die wir automatisiert verarbeiten möchten, in brauchbarer Form im Netz zu beschaffen und sicherzustellen, dass uns Informationen zur richtigen Zeit erreichen.

Für den letzten Schritt zum allgegenwärtigen individuellen Web 3.0 fehlt nur noch ein Baustein: das mobile Netz.

IFTTT – Inhalte automatisieren

Name des Werkzeugs: IFTTT

Betreiber: IFTTT

Beschreibung:

IFTTT erlaubt es, eine Vielzahl eigentlich nicht miteinander zu verbindender populärer Web-Dienste zu verknüpfen und das Netz zu automatisieren. Dazu bietet IFTTT vorgefertigte Schnittstellen für viele Dienste aus den Bereichen soziale Netzwerke, Nachrichten, Cloud-Speicher, Unterhaltung und vielem mehr. Die Verknüpfungen zwischen den Diensten werden durch einfache WENN-DANN-Beziehungen erstellt. IFTTT führt den Anwender bei der Anlage mithilfe einfacher und verständlicher Dialoge. Jeweils zwei Web-Dienste lassen sich miteinander verknüpfen. Aktuell bietet IFTTT 72 verschiedene Schnittstellen zu Web-Diensten an. Zum Beispiel ist es mit IFTTT möglich zu überwachen, ob das Internet-Radio Last.fm wieder kostenlos Musik anbietet. Sobald neue kostenfreie Musik auftaucht, speichert IFTTT sie sofort in der eigenen Dropbox. Und mit einer zweiten IFTTT-Verknüpfung informiert die Dropbox ihren Nutzer im Anschluss automatisch über die neue Musik. Entweder als SMS, E-Mail oder Telefonanruf.

Jede in IFTTT erstellte Verknüpfung – genannt Rezept – wird alle 15 Minuten automatisch überprüft. Sobald neue Inhalte im auslösenden Dienst vorliegen, wird eine vordefinierte Aktion im verknüpften Dienst ausgeführt.

Erstmalig Online: Dezember 2010

URL: https://ifttt.com

Zugangsvoraussetzungen: IFTTT steht kostenfrei zur Verfügung. Es ist lediglich eine einmalige Registrierung erforderlich.

Tutorials:

* Snazzy Labs - IFTTT Tutorial on Youtube
* Matthew Woodward Save Time with IFTTT
* Univ. of Wyoming IFTTT Guide

Beispiele (über Google leicht zu finden):

* 1st Webdesigner 20 Cool IFTTT Recipes
* t3n.de Die 10 besten IFTTT Rezepte

Vergleichbare Dienste:

- Zapier (teilweise kostenpflichtig)
  https://zapier.com
- Wappwolf (kostenfrei)
  http://wappwolf.com

Alle Links zu den Tutorials und Beispielen finden sich auch auf der Webseite zum Buch unter: **www.magaseen.de/MehrWert.html**.

Verwenden Sie IFTTT nur in Verbindung mit Webseiten und Inhalten, zu deren Nutzung Sie berechtigt sind. Bitte beachten Sie in jedem Fall die Nutzungsbedingungen von IFTTT.

Alles wird mobil

Der Weg zum Inhalt ändert sich

Winter 2009 / 2010: Seit Wochen spekulieren Presse, Computerhersteller und Fan-Gemeinde, welches bahnbrechende Produkt Apple in den kommenden Wochen auf den Markt bringen wird. Gut informierte Kreise berichten, es handle sich um die erste praxistaugliche Umsetzung eines Tablets, also einem Gerät irgendwo zwischen Smartphone und Laptop. Martin Peers fasste die Aufregung um Apples neues Produkt am 30. Dezember 2009 im Wall Street Journal in einem Satz treffend zusammen:

Last time there was this much excitement about a tablet, it had some commandments written on it. (Peers 2009)

Als Steve Jobs am 27.01.2010 im Moscone Convention Center in San Francisco das neue Gerät vorstellte, eröffnete er seine Präsentation mit den Worten, an diesem Tag ein *revolutionäres und magisches Gerät* zu präsentieren, welches ein völlig neues Erlebnis beim mobilen Zugriff auf das Internet erlaube (Apple Inc. 2010). Sein Name: iPad.

Entgegen der vorangegangenen Aufregung waren die Reaktionen zunächst zurückhaltend bis offen negativ. Sie reichten von „erst einmal abwarten wie das iPad bei den Nutzern ankommt" bis zu „braucht niemand". Die meisten Kommentatoren waren sich aber in einem Punkt einig: Ein großer Erfolg wurde dem iPad für die nahe Zukunft nicht vorausgesagt. Marisa Taylor fasste die negativen Bewertungen „namhafter" Blogger bekannter Nachrichtenportale von Gizmodo, PC World bis CNN zusammen. Die Kritik reichte von fehlendem Multi-Tasking, über die Blockade von auf Flash basierenden Multi-Media-Inhalten, dem limitierenden Apple-„Ökosystem", in das Nutzer eingesperrt werden, bis zur unhandlichen Größe des Gerätes (Taylor 2010).

Besonders negativ äußerte sich Adam Frucci vom Technologie- und Gadget-Blog Gizmodo. Er listete ausführlich die negativen Eigenschaften des iPads auf. Neben den bereits genannten Einschränkungen erweiterte er die Liste um: die fehlende Kamera, das hässliche Keyboard, den nicht vorhandenen HDMI-Ausgang und die Notwendigkeit, für alle zu verbindenden Geräte zusätzliche Adapter zu kaufen. Alles zusammen Dinge, die dafür sorgen, dass der Kauf eines iPads das letzte sei, was er in Betracht ziehe. (Frucci 2010). Einer der wenigen, die sich umsichtiger äußerten, war David Pogue in seinem Blog bei der New York Times:

Like the iPhone, the iPad is really a vessel, a tool, a 1.5-pound sack of potential. It may become many things. It may change an industry or two, or it may not. It may introduce a new category – something between phone and laptop – or it may not. And anyone who claims to know what will happen will wind up looking like a fool. (Pogue 2010)

Er empfahl, erst einmal abzuwarten, wie sich die neue Gerätekategorie entwickeln würde. Mit diesem Rat sollte er Recht behalten. Bereits im Oktober 2010 hatte sich die Situation zu Gunsten des iPads geklärt. Apple verkaufte in den ersten drei Monaten 3,3 Million Geräte. Geschäfts- und Privatkunden begannen den Kauf von PCs zu überdenken und überlegten stattdessen, Tablets anzuschaffen (Robertson 2010). Im Oktober 2012 meldete Apple einen weiteren Rekord. Nur zweieinhalb Jahre nach Einführung des iPads waren mehr als 100 Millionen Geräte verkauft. Im zweiten Quartal 2012 setzte Apple mehr iPads ab als alle anderen Hersteller zusammengenommen Computer verkaufen konnten (Lawler 2012). Entgegen der zuvor geäußerten Kritik hatte sich das neue Gerät mit rasender Geschwindigkeit etabliert und einen völlig neuen Markt geschaffen. Einen Markt für tragbare Tablet-Computer. Steve Jobs war etwas gelungen, an dem große Unternehmen der IT-Branche gescheitert waren. Bekannt ist der Versuch von Microsoft, einen auf Windows basierten Tablet-Computer einzuführen. Das unhandliche und mit einem Stift schwierig zu bedienende Gerät wollte kaum jemand kaufen. Ein Markterfolg blieb aus. Apple hingegen erzielte mit dem iPad in kürzester Zeit einen Durchbruch.

Wer heute auf einem Flughafen der Welt unterwegs ist, sieht deutlich, welcher Wandel stattgefunden hat. Tablets haben sich durchgesetzt. Achten Sie bei Ihrem nächsten Flug einmal darauf. In der Schlange vor der Sicherheitskontrolle, beim Warten auf das Boarding und im Flugzeug selbst. Sie werden mehr Menschen mit einem Tablet als mit einem Laptop sehen. Viele haben den Laptop gegen ein Tablet eingetauscht, obwohl die kleinen Geräte eigentlich weniger leistungsfähig sind. Der Grund dafür ist, dass Tablets – in der Form, wie sie zuerst von Apple geschaffen wurden – eine bis dahin nicht erreichte Freiheit im Zugriff auf das Internet erlauben. Die Verbindung zum Netz und der Zugriff auf dort verfügbare Rechenkapazitäten gleichen Einschränkungen bei der Leistungsfähigkeit der Geräte mehr als aus. Der erforderliche Netzzugang macht aber auch abhängig. Ein Tablet ohne ihn ist nur noch eingeschränkt nutzbar.

Aber nicht nur Tablets haben zum Siegeszug angesetzt. Auch die zweite große Gruppe mobiler Geräte, die Smartphones, verbreiten sich immer weiter. In Deutschland stieg ihr Anteil bei Mobiltelefonen zwischen 2011 und 2012 um mehr als 60 Prozent (Google 2012c). Zusammen betrachtet waren im Jahr 2011 in den EU-Ländern England, Spanien, Italien, Frankreich und Deutschland 44 Prozent aller Mobiltelefone Smartphones (ComScore 2012). Bereits 70 Prozent der Zugriffe auf das Internet erfolgen in Deutschland durch Tablets und Smartphones (Interrogare 2012). Diese Entwicklung zeigt sich auch global. Der weltweite Markt für Tablets wächst seit längerem um mehr als 75 Prozent pro Jahr (IDC 2013). Ein Ende des Wachstums ist nicht in Sicht. Mobile Geräte verdrängen den herkömmlichen Computer. Es ist die erste Generation von Geräten, die überall und jederzeit auf die Inhalte im Netz zugreifen. Michael Saylor begründet den Erfolg von Smartphones und Tablets damit, dass mit Multi-Touch-Displays ein Bedienkonzept eingeführt wurde, welches auch weniger geübten Anwendern die intuitive Bedienung erlaubt, preiswerte Apps eine neue Klasse von bezahlbaren Anwendungen

bieten und mit App-Stores ein neues System zu
deren Vermarktung entstanden ist. Es sind die
bisher preiswertesten Computer mit den preiswertesten Anwendungen, die es je gegeben hat.
Die erforderliche Hard- und Software war, verglichen mit ihrer Leistungsfähigkeit, noch nie so
günstig wie heute und steht einer bisher uner-
reichten Zahl an Nutzern offen. Mit dem Ausbau
schneller Funknetze und gesunkenen Flatrate-
Preisen ist eine völlig neue Nutzung des Internets
möglich geworden. Zum ersten Mal in der Geschichte der Menschheit ist das Wissen der Welt
für die breite Masse einfach zugänglich (Saylor
2012). Und das Potenzial ist bei weitem noch
nicht ausgeschöpft. Heute besitzen 70 Prozent der
Weltbevölkerung ein einfaches Mobiltelefon. Es
ist nur eine Frage der Zeit, bis die Mehrzahl von
ihnen auf internetfähige mobile Geräte umsteigt.
Bereits heute erfolgt der Zugriff auf die Inhalte
im Netz vielfach über mobile Endgeräte und
Apps. Laut Flurry, einem auf die Auswertung
von mobilen Geräten spezialisierten Dienstleister,
verwendet jeder Nutzer eines Smartphones oder
Tablets die kleinen Programme durchschnittlich
eineinhalb Stunden pro Tag. Demgegenüber ist
die Nutzung des klassischen Web-Browsers rück-
läufig (Newark-French 2012). Wahrscheinlich haben Sie diese Entwicklung bereits selber beobachtet. Inhalte aus dem Netz lassen sich auf Smartphones oder Tablets mit spezialisierten Apps viel
angenehmer   aufrufen,   als   mit   einem   Web-

Browser. Die spezialisierten Programme sind meist angenehmer zu bedienen und liefern für die kleineren Bildschirme aufbereitete Ergebnisse. Selbst für mobile Geräte angepasste Webseiten können hinsichtlich der Benutzerfreundlichkeit häufig nicht mithalten.

Das Konzept hat jedoch auch einen entscheidenden Nachteil. Für den Nutzer ist häufig nicht kontrollierbar, aus welchen Quellen eine App ihre Inhalte bezieht. Deshalb bleibt oft unklar, ob besonders gute Inhalte von dem Ersteller oder Anbieter einer App ignoriert wurden. In der Regel besteht für den Nutzer keine Möglichkeit, individuelle Anpassungen oder Erweiterungen bei den verwendeten Quellen für Inhalte vorzunehmen. Ein Beispiel für den fehlenden Datenaustausch liefern Apps zur Abfrage lokaler Benzinpreise. Es ist nicht möglich, die Benzinpreise unterschiedlicher Datenbanken in einer App zu verbinden. Könnten die über verschiedene Apps gemeldeten Preise zusammen angezeigt werden, würde in vielen Fällen die Qualität der Ergebnisse steigen. Natürlich bestehen bei der Verknüpfung von Daten unterschiedlicher Quellen neben technischen auch urheberrechtliche Probleme im Weg (mehr dazu im nächsten Kapitel). Es wäre hilfreich, wenn Nutzer in der Lage wären, bei ihren favorisierten Apps neue Quellen für Inhalte frei hinzuzufügen. Diese Möglichkeit bieten die Anbieter von Apps aber in der Regel nicht an.

Weiterhin können Apps meistens nicht miteinander verknüpft werden, um Inhalte zwischen ihnen auszutauschen und eine übergreifende Nutzung zu ermöglichen. Nur wenn die Entwickler bereits im Vorfeld an einen Austausch gedacht haben, ist es manchmal möglich, Daten zwischen verschiedenen Apps zu übertragen.

Die individuelle Verknüpfung verschiedener Apps ist aber meistens nicht vorgesehen. Zusätzlich verstärkt wird diese Einschränkung durch Restriktionen, die von den Herstellern der Betriebssysteme moderner Smartphones und Tablets vorgegeben sind. Zum Beispiel schränkt das Betriebssystem der Apple iOS Geräte (iPhone, iPad und iPod) die Möglichkeit, Daten zwischen Apps auszutauschen, stark ein. Der Versuch, mit den mobilen Versionen der Browser auf den Geräten Inhalte aus verschiedenen Quellen zusammenzutragen, ist meistens mühsam bis unmöglich. Besonders dann, wenn aus mehreren Quellen Inhalte gesammelt, verknüpft und angezeigt werden sollen. Von der Durchführung individueller Berechnungen und Auswertungen ganz zu schweigen.

Probleme von Apps

Das Konzept kleiner, einfach zu installierender Apps für mobile Geräte hat – so bestechend es ist – demnach zwei gravierende Probleme. Das erste ist, dass Anwender meistens keinen Einfluss auf die verwendeten Datenquellen einer App haben. Fast immer ist es schwierig, eigene Quellen für Inhalte zu ergänzen oder auf nicht vorgesehene Inhalte zuzugreifen. Es handelt sich um eine interne Einschränkung der Apps, die auf mobilen Endgeräten vielfach vorliegt. Das zweite Problem ist, dass ein Anwender, Apps häufig nicht auf einfachem Weg miteinander verknüpfen kann. Die Möglichkeiten, Inhalte flexibel zwischen Apps auszutauschen, fehlen häufig. Diese Defizite werden einen Wandel erzwingen, der zu einem neuen Konzept mobiler Anwendungen auf Smartphones und Tablets führt. Die Kräfte hinter dieser Veränderung sind vergleichbar mit denen, die am Anfang des letzten Jahrzehnts den Übergang von Internetportalen zu Suchmaschinen auslösten. Um das Jahr 2000 war Yahoo unangefochtener Marktführer bei Internetportalen. Wer Inhalte im Netz suchte, schaute zuerst bei Yahoo nach. Entstanden aus einer von den Doktoranden Jerry Yang und David Filo an der Standford University zunächst für den Eigengebrauch erstellten Liste interessanter Webseiten, etablierte sich das Portal zum Ende der 1990er Jahre als zentraler Einstiegspunkt in das Internet. Der Ansatz von

Yahoo, ein hierarchisches Inhaltsverzeichnis des World Wide Web bereitzustellen, erwies sich in den Anfangstagen als ideal sowohl für erfahrene wie auch für neue Anwender. Die von Yahoo erstellte katalogartige Struktur erlaubte zunächst, die Inhalte im Netz übersichtlich zu strukturieren. Je mehr die Anwender aber durch wachsende Erfahrung aus einer „Phase der Erforschung des Netzes" in die „Phase der Erwartung an das Netz" übergingen, änderte sich das Bild. Die Fragen wechselten von *„was gibt es alles da draußen"* zu *„ich will etwas finden, von dem ich weiß, dass es da ist (A.d.V. nur nicht genau wo)"* (Battelle 2005). Das veränderte die Art und Weise, wie Nutzer im Internet nach Inhalten suchten, dramatisch. Es fand eine Verlagerung von redaktionell zusammengestellten Verzeichnissen zu stichwortartigen Suchen statt. Hauptprofiteur des Wandels war ein zur damaligen Zeit kleines kalifornisches Unternehmen mit dem Namen Google. Der Grund für den Wandel war die wachsende Erfahrung der Nutzer. Als Yahoo mit seinem Portal begann, wussten die meisten Nutzer nicht, was sich alles im Internet befindet. Eine Auflistung der Inhalte in Form eines Verzeichnisses war deshalb zunächst extrem hilfreich. Aber der Bedarf für ein solches Verzeichnis reduzierte sich mit wachsendem Kenntnisstand der Anwender. Rund um die Jahrtausendwende war das Netz so weit gewachsen, dass viele Nutzer davon ausgingen, eine gesuchte Information schon irgendwo zu finden.

Die Frage war nicht mehr „ist es vorhanden" sondern „wie finde ich es". Der Ansatz einer freien Suche, wie sie Google ermöglichte, war redaktionell gepflegten Verzeichnissen unschlagbar überlegen. Einen vergleichbaren Wandel werden wir in Teilen auch bei der Nutzung von Apps erleben. Weg von der Vorauswahl der Inhalte durch Dritte, sprich im Falle der Apps durch die Entwickler. Weg von der Beschränkung auf feste Anwendungsgebiete hin zur individuellen Kombination von Anwendungsfällen. Wo sinnvoll, wird sich ein App-übergreifender Zugriff auf Inhalte und deren individuelle Weiterverarbeitung durchsetzen. Wie diese Lösungen für mobile Endgeräte aussehen können, zeigt zum Beispiel Yahoo mit seinem Angebot „Pipes für das iPhone". Die bereits 2007 vorgestellte Software erlaubt es, individuelle Pipes angepasst auf den kleinen Bildschirm des Apple-Telefons auszugeben. Damit sind alle Pipes eines Nutzers auch mobil verfügbar. Ein weiteres Beispiel für die neue Generation von „verbindenden Apps" kommt von IFTTT. Mit der am 10. Juli 2013 veröffentlichten App „IFTTT for iPhone" ist nun auch die mobile Nutzung des „elektronischen Klebebandes" möglich.

Die Großen schlagen zurück

Zum Teilen gezwungen?

„Wir verändern uns zu einer Kultur, in der Zugang wichtiger ist als Besitz – darin werden Teilen und Partnerschaften essentiell sein."

Lisa Gansky in einem Interview im Magazin BizTechDay (Yeung 2010).

Seit Jahrhunderten basieren viele erfolgreiche Geschäftsideen auf dem Prinzip des Teilens. Im Mittelpunkt standen zunächst langlebige Wirtschaftsgüter, die kostengünstig nach Bedarf gemietet und genutzt wurden, anstatt sie zu kaufen und zu besitzen. Klassische Beispiele sind Hotelbetten, die Energieversorgung oder Unterhaltungsangebote. Nur sehr wohlhabende Menschen kommen auf die Idee, an mehreren Orten Apartments zu kaufen, bloß auf den Verdacht hin, irgendwann dort übernachten zu wollen. Ähnliches gilt für die Energieversorgung. Geteilte Ressourcen zur Erzeugung und Verteilung ermöglichen die preiswerte Versorgung einer hohen Anzahl von Menschen. Auch bei Unterhaltungsangeboten ist das Prinzip des Teilens üblich. Ob ein Konzert von einem oder von hundert Zuhörern besucht wird, ist, bezogen auf die Darbietung, irrelevant. Der Effekt ist für jeden einzelnen prinzipiell identisch, von räumlichen Einschränkungen bei besonders hohen Besucherzahlen einmal abgesehen.

Heute werden immer mehr Geschäftsmodelle durch Teilen auf den Kopf gestellt. Sichtbar wurde die Entwicklung zuerst bei einfach zu digitalisierenden Gütern, wie zum Beispiel Musik. Sie konnte bereits Ende der neunziger Jahre ohne großen Aufwand geteilt werden – meistens illegal. Die Musikindustrie war das erste große Opfer digitaler Tauschbörsen, wie zum Beispiel Napster. Aktuell „verliert" die Filmindustrie in großem Umfang Inhalte an Raubkopierer. Als nächstes steht die Printbranche vor einem Umbruch. Neue Formen zum Zugriff auf physische und digitale Inhalte werden die Presselandschaft in den kommenden Jahren verändern. Alte, auf der physischen Verteilung von Druckerzeugnissen basierende Geschäftsmodelle funktionieren nicht mehr. Aber damit nicht genug. Auch auf den ersten Blick gegen das Teilen von Inhalten stabil und immun erscheinende Branchen sind massiv betroffen. Besonders, wenn es sich bei ihren Angeboten um langlebige Produkte mit hohem Anschaffungspreis handelt, die vom einzelnen Verbraucher – oder besser Gebraucher – nicht regelmäßig benötigt werden. Das Unternehmen Zipcar hat gezeigt, wie das Prinzip des Teilens zum Beispiel bei der individuellen Mobilität umgesetzt werden kann. Die in verschiedenen nordamerikanischen Städten angebotenen Carsharing-Dienstleistungen des Unternehmens werden dabei umfassend digital unterstützt. Mitglieder können ohne großen Aufwand mit einem Smartphone ein in der Nähe verfügbares Auto finden, reservieren und es mit ihrem Telefon öffnen und starten. Die Idee war so erfolgreich, dass das Unternehmen im März 2013 von der Avis-Budget-Group für rund 500 Millionen US-Dollar übernommen wurde. Auch der Bereich Bekleidung öffnet sich für ein digital unterstütztes Geschäftsmodell des Teilens. Bei dem Unternehmen Girl Meets Dress.com können Frauen exklusive Designerkleidung mieten. Ob Hochzeit, Abschlussfeier, Ball oder sonstiges Ereignis, es ist nicht mehr erforderlich, ein Designerstück selbst zu erwerben. Für den einmaligen Gebrauch kann es ganz einfach ausgeliehen werden. Erst das Internet macht die Auswahl und Zusammenstellung einer Abendgarderobe in großem Maßstab einfach und unkompliziert möglich. Neben Frauen finden auch Männer Angebote zum Teilen im Netz. Beispielweise bietet die North Portland Tool Library Werkzeuge aller Art zur Miete an. Das Angebot reicht von Tischler-, Holzbearbeitungs- und Gartenwerkzeugen bis zu elektrischen Geräten aller Art.

Basis für die Veränderung der Geschäftsmodelle ist neben einem Gut, das geteilt werden kann, das Teilen der zugehörigen Informationen. Angebote wie die genannten Beispiele wären ohne moderne Informationstechnologie und das Internet nicht wirtschaftlich zu realisieren. Wesentliche Ursache dafür ist, dass das Internet ein weiteres, bis vor wenigen Jahren in großem Maßstab nicht teilbares Gut hinzugefügt hat – Inhalte! Das Netz beschleunigt so ein vom herkömmlichen Ansatz aus Herstellung und Verkauf fundamental abweichendes Geschäftsmodell. Konsumenten erhalten durch die gemeinsame Nutzung von Gütern eine größere Auswahl und können auf breitere Angebote zurückgreifen. Basis ist die geteilte Nutzung von Produkten, Dienstleistungen und Informationen (Gansky 2010). Mit dem Netz sind wir in der Lage, digitale Inhalte einfach zu finden, zu vervielfältigen und zu teilen. Voraussetzung ist nur ein freier und ungehinderter Zugang zu ihnen. Ein Beispiel, wie der freie Zugang organisiert werden kann, liefert die Open-Data-Bewegung. Sie hat sich zur Aufgabe gemacht, bei

Behörden und der öffentlichen Verwaltung vorliegende Inhalte interessierten Bürgern frei zur Verfügung zu stellen. Darunter fallen u. a. Geodaten, amtliche Statistiken, Verkehrsinformationen und Forschungsergebnisse. Deren Sammlungen und Zusammenstellung wurde häufig mit Steuermitteln finanziert. Es liegt also nahe, sie einer breiten Öffentlichkeit zur freien Verwendung bereitzustellen. Die Idee dahinter ist, dass basierend auf Open-Data-Inhalten neue Werte geschaffen werden, wenn sie einem breiten Nutzerkreis zugänglich gemacht werden. Weltweit beteiligen sich immer mehr Verwaltungen an der Open-Data-Bewegung. Kanada, USA, England, Finnland, Estland und Dänemark haben international beachtete Programme zum freien Zugang zu öffentlichen Daten aufgelegt (Hammell et al. 2011). Die EU-Kommission schätzt das wirtschaftliche Potenzial von offenen Daten aus der öffentlichen Verwaltung auf rund 40 Milliarden Euro jährlich. Aus diesem Grund möchte auch die Bundesregierung den Zugang zu offenen Daten verbessern. Ziel ist es, neue Anwendungen und Dienstleistungen mit Mehrwert für Bürgerinnen und Bürger, Verwaltung, Wissenschaft und Wirtschaft zu ermöglichen. Bis zum Ende des Jahres 2013 sollte dazu eine zentral zugängliche Open-Government-Plattform geschaffen werden (Klessmann et al. 2012). Leider ist die Idee, einen benutzerfreundlichen Zugang zu den Daten der öffentlichen Verwaltung in Deutschland bereitzustellen bisher nur in Ansätzen umgesetzt. Ein wirkliches Interesse der öffentlichen Verwaltung, Inhalte zu teilen, ist nicht erkennbar. Bezeichnend dafür wurde das ursprünglich unter dem Namen Open Government Data Platform gestartete Projekt in govdata.de umbenannt. Mit Steuergeldern erhobene Daten werden immer noch als Eigentum der Regierungen und öffentlichen Verwaltungen betrachtet (Matzat 2013).

Der freie Zugang zu den Inhalten im Internet ist demnach nicht überall willkommen. Neben Behörden und öffentlichen Verwaltungen versuchen auch privatwirtschaftliche Unternehmen ihre Inhalte mehr und mehr abzusichern. Ein besonders deutliches Beispiel, wie sich ganze Branchen gegen die Verwertung ihrer Inhalte wehren, ist das durch deutsche Verleger massiv unterstützte Gesetz zum Leistungsschutzrecht. Es verfolgt das Ziel, Dritten die gewerbliche Nutzung selbst kleinster Ausschnitte aus Presseerzeugnissen zu verbieten. Wäre es in seiner ursprünglichen Form verabschiedet worden, hätten zum Beispiel Suchmaschinen keine kostenfreien Auszüge aus Texten fremder Webseiten mehr veröffentlichen können. Besonders Google reagierte auf den Angriff auf sein Kerngeschäft. Mit der Kampagne *„Verteidige dein Netz, misch dich ein"* versuchte das kalifornische Unternehmen, Einfluss auf den deutschen Gesetzgebungsprozess zu nehmen und den Gesetzesentwurf abzuschwächen. Stefan Tweraser, im Dezember 2012 noch Deutschland-Manager bei Google, begründete das Engagement damit, dass ein Leistungsschutzrecht weniger Informationen für Bürger und höhere Kosten für Unternehmen bedeuten würde (Reinbold 2012). Doch nicht nur die von finanziellen Interessen geleiteten Betreiber von Suchmaschinen meldeten Bedenken an. Auch das Max-Planck-Institut für Immaterialgüter- und Wettbewerbsrecht untersuchte die negativen Auswirkungen des geplanten Gesetzes. Das Institut kam zu dem Schluss, dass eine technische Einschränkung der Einbindung fremder Inhalte bereits heute ohne Schwierigkeiten möglich ist. Dennoch machen Anbieter von der Beschränkung des Zugriffs auf ihre Inhalte in vielen Fällen keinen Gebrauch. Es besteht bei den Eigentümern der Inhalte offensichtlich ein Interesse an dem übergreifenden Zugriff auf ihr geistiges Eigentum, um die eigene Sichtbarkeit im Netz zu steigern. Weiterhin weist das Max-Planck-Institut darauf hin, dass das Gesetz primär der Generierung von Lizenzumsatz bei den großen Erzeugern digitaler Inhalte dient. Kleine gewerbliche Anbieter, die fremde Inhalte aus dem Netz nutzen, werden die zu erwartenden Gebühren nicht bezahlen können. Das Max-Planck-Institut kommt zu dem Schluss, dass der Regierungsentwurf zum Leistungsschutzrecht nicht durchdacht ist und sich negativ auf Wirtschaft und Allgemeinheit auswirken wird (Max-Planck-Institut für Immaterialgüter- und Wettbewerbsrecht 2012). Bereits im Juni 2010 wurde in einer Anhörung im Bundesministerium der Justiz das Leistungsschutzrecht einhellig abgelehnt. Dennoch wurde die Gesetzesinitiative weiterverfolgt. Daran zeigt sich, wie erfolgreich die Lobbyarbeit deutscher Verlage ist. Unabhängig davon, dass Wissenschaftler vor den negativen Konsequenzen der Gesetzgebung warnen. Nachdem Bundestag und Bundesrat dem Gesetz zugestimmt hatten, ist es zum 1. August 2013 in Kraft getreten. Die noch kurz vor der Verabschiedung am Gesetzestext vorgenommene Änderung, nach der *„einzelne Worte oder kleinste Textausschnitte"* vom Leistungsschutzrecht ausgenommen sind, wird in naher Zukunft Gerichte beschäftigen. Der Gesetzgeber hat es versäumt zu definieren, was unter einem „kleinsten Textausschnitt" verstanden wird. Kleine gewerbliche Anbieter im Internet werden zukünftig davor zurückschrecken, auf fremde Inhalte zuzugreifen. Neue und innovative Angebote werden dadurch blockiert. Betroffen sind alle Nutzer im Netz. Auch die Vision des semantischen Netzes von Timothy Berners-Lee, welches entsteht, wenn Menschen beginnen Software-Agenten und Programme zu bauen, die Inhalte aus diversen Quellen sammeln, verarbeiten und mit anderen Programmen austauschen, wird durch das Leistungsschutzrecht auf gewerblicher Ebene beeinflusst. Umso wichtiger ist die Möglichkeit für jeden einzelnen – nicht gewerblichen – Nutzer, einfach und ohne tiefes technisches Know-how frei und flexibel auf Inhalte im Internet zuzugreifen. Der private Zugriff auf die Inhalte des Netzes kann als praktische Umsetzung des Artikel 5 des Grundgesetzes betrachtet werden. Danach hat jeder Bürger das Recht, sich aus allgemein zugänglichen Quellen ungehindert zu unterrichten.

Die Diskussion um das Gesetz zum Leistungsschutzrecht unterstreicht nochmals deutlich, dass Inhalte im Netz einen Wert besitzen. Es ist verständlich, dass Unternehmen die Kontrolle darüber gewinnen oder behalten möchten. Neben den Verlagen zählen dazu aber auch die großen Internet-Unternehmen. Und genau die großen Internetkonzerne, die offensiv gegen das Leistungsschutzrecht gestritten haben, zeigen beim freien Umgang mit den eigenen gesammelten Daten ein komplett anderes Verhalten.

Facebook sichert sich ein Nutzungsrecht an allen Bild- und Videoinhalten, die ein Anwender in Zusammenhang mit der Verwendung des sozialen Netzwerkes veröffentlicht. Das Nutzungsrecht bleibt solange bestehen, wie die Inhalte vom Nutzer nicht gelöscht werden. Wenn Inhalte mit Facebook-Nutzern geteilt werden – was der Hauptzweck eines sozialen Netzwerkes ist und mit den meisten Inhalten passieren wird –, behält sich Facebook das Recht vor, die Inhalte solange weiter zu verwenden, bis der letzte Nutzer sie löscht (Facebook 2012). Auch der freie Zugang wird gerne eingeschränkt, wenn es an die „eigenen Inhalte" geht. In den Nutzungsbedingungen von Facebook heißt es:

„Du wirst mittels automatisierter Mechanismen (wie Bots, Roboter, Spider oder Scraper) keine Inhalte oder Informationen von Nutzern erfassen oder auf andere Art auf Facebook zugreifen, sofern du nicht unsere vorherige Erlaubnis hast." (Facebook 2012)

Auch das im Streit um das Leistungsschutzrecht besonders aktive Google reagiert empfindlich bei nicht vorgesehenen Zugriffen auf die „eigene Daten". In den Nutzungsbedingungen heißt es:

„Sie sind beispielsweise nicht berechtigt, in die Dienste einzugreifen oder in anderer Weise als über die von Google bereitgestellte Benutzeroberfläche und gemäß unseren Vorgaben auf die Dienste zuzugreifen." (Google 2012b)

Auf den ersten Blick verwundert diese Einschränkung nicht. Hat doch jeder Anbieter im Internet das Recht die Art und Weise der Nutzung seiner Dienste frei zu bestimmen. Eine Irritation taucht aber bei weiterer Betrachtung der Nutzungsbedingungen auf. Im Text heißt es unter anderem:

„Ihre Daten gehören Ihnen und wir halten es für wichtig, dass Sie auf diese Daten zugreifen können." (Google 2012b)

Gleichzeitig erstellt das Unternehmen umfassende Profile seiner Nutzer. Neben persönlichen Daten verarbeitet Google, nach Aussage der eigenen Datenschutzerklärung „möglicherweise" gerätebezogene Informationen, Protokolldaten, standortbezogene Informationen, eindeutige Applikationsnummern und noch einiges mehr. Die Informationen werden genutzt, um gezielte Werbung zur Verfügung zu stellen (Google 2012a). Wie weit sich ein Anwender darauf berufen kann, die Nutzung seiner Daten durch Dritte frei zu gestalten, ist offen.

Bei genauer Betrachtung verschwimmt die Grenze zwischen Befürwortern und Gegnern frei zugänglicher Inhalte im Netz noch weiter. Verlage bekämpfen die Verwertung ihrer Inhalte durch Suchmaschinen, sind aber auch darauf angewiesen, dass Google und Co. auf sie verweisen. Nach wie vor wird viel Arbeit investiert, um die eigene Positionierung in Suchmaschinen zu verbessern. Nur wer auf den ersten Ergebnisseiten einer Suche vertreten ist, kann damit rechnen, dass die Besucherzahlen auf den eigenen Webseiten hoch genug sind, um einen einträglichen Werbeumsatz zu generieren. Die Finanzierung der Online-Angebote großer Verlage basiert im Wesentlichen immer noch auf diesem Modell. Lediglich der New York Times ist es gelungen, eine alternative Einnahmequelle zu etablieren. Alle anderen experimentieren noch und es ist keineswegs gewiss, ob ein allgemein tragbares Finanzierungskonzept für die Anpassung der traditionellen Verlage an die digitale Welt überhaupt existiert. Vielleicht kommt in naher Zukunft ein bisher unbekannter Anbieter und versetzt den etablierten einen Todesstoß. Der Kauf der Washington Post durch den Amazon-Gründer Jeff Bezos war vielleicht der erste Schritt dahin.

Auf der anderen Seite versuchen die Kämpfer gegen das Leistungsschutzrecht mit restriktiven Vorgaben die Nutzung „ihrer" Inhalte durch Dritte wo immer möglich einzuschränken. Von Offenheit keine Spur. Die Aktivitäten reichen von Ankündigungen nicht näher spezifizierter Maßnahmen, die zu vorauseilendem Gehorsam führen sollen, über technische Einschränkungen bis zu offener juristischer Gegenwehr.

Angriff auf Innovationen

Zwei Beispiele aus den USA verdeutlichen, wie dieser Prozess abläuft und kleine innovative Unternehmen unter Druck gesetzt werden. Im Juni 2007 geriet das in San Diego beheimatete Startup Listpic in einen Konflikt mit dem Betreiber des großen Online-Kleinanzeigen-Portals Craigslist.org. Listpic hatte eine Anwendung entwickelt, die von Craigslists digitalem Marktplatz Bilder bezog und in einer optisch ansprechenden Form strukturiert auf der eigenen Webseite bereitstellte. Die Lösung verbesserte die Navigation innerhalb der Inhalte von Craigslist. Die Darstellung im Internet erfolgte vollständig auf eigenen Seiten von Listpick, führte Nutzer bei Kaufinteresse aber immer zur ur¬sprünglichen Quelle der Inhalte zurück. Nach Ansicht von Jim Buckmaster, CEO von Craigslist.org, verstieß die Lösung dennoch gegen die Nutzungsbedingungen. Kurzfristig wurde die eigene Webseite deshalb technisch so verändert, dass Listpic nicht mehr funktionierte (McHugh 2007). Die ursprüngliche und extrem anwenderfreundliche Idee von Listpic war mit einem Schlag erledigt. Heute firmiert Listpic unter dem Namen PicClick (www.picclick.com) und bietet einen vergleichbaren Dienst basierend auf eBay-Inhalten an. Für das Craigslist-Portal steht die übersichtliche Form der Anzeige von Inhalten nicht mehr zur Verfügung. Der Nutzer hat das Nachsehen.

Auch IFTTT erlebte erst kürzlich, wie etablierte Internet-Unternehmen versuchen, Einfluss auf die eigenen Angebote zu nehmen. Im August 2012 kündigte Michael Sippey, Vice-President von Twitter, Änderungen bei den Regeln zur Nutzung des Dienstes durch fremde Entwickler an (Sippey 2012). Im Kern ging es darum, den Zugriff auf Inhalte von Twitter stärker zu kontrollieren und an ein einheitliches Zugangsverfahren anzupassen. Zusammen mit den neuen Vorgaben für Drittanbieter wurde angekündigt, die neuen Regeln in Zukunft restriktiv durchzusetzen. Bis zu diesem Zeitpunkt wurden Nutzungsvorgaben selten konsequent überwacht. Die neuen Regeln beinhalteten unter anderem Einschränkungen bei der Übergabe von Tweets – eine Bezeichnung für die auf Twitter veröffentlichten Kurzbeiträge – an Anwendungen außerhalb von Twitter. Genau dafür hatte IFTTT eine von vielen Nutzern verwendete Funktion im Angebot. Mit ihr konnten Tweets nach Stichworten untersucht und an eine Vielzahl von Diensten im Netz weitergeleitet werden. Zum Beispiel war es möglich, mit wenigen Eingaben einen Agenten zu erstellen, der Tweets bestimmter Personen oder Organisationen überwachte und bei bestimmten Inhalten automatisch Reaktionen im Netz auslöste. Gegen Angebote dieser Art ging Twitter nun vor. Und der Druck führte zu Reaktionen. Am Dienstag, dem 20. September 2012 informierte Linden Tibbets die Nutzer von IFTTT in einer E-Mail darüber, dass die umstrittenen Twitter-Funktionen Ende September 2012 deaktiviert würden (IFTTT 2012). Es ist nicht ganz klar, ob Twitter direkt Druck auf das Management von IFTTT ausgeübt hat oder das Unternehmen in vorauseilenden Gehorsam handelte.

Eine Sache wird aber deutlich. Die vom Max-Planck-Institut in seiner Stellungnahme zum Leistungsschutzrecht aufgeführten Bedenken sind kein düsteres Szenario der Zukunft. Sie sind Realität.

Auf den ersten Blick wirkt das Kräfteverhältnis eindeutig. Die Geschäftsmodelle innovativer Startups zu beeinflussen, scheint sowohl technisch als auch juristisch einfach. Große Anbieter setzen sich gegen kleine Unternehmen durch. Ist damit die Frage, wer den Wettlauf um Inhalte gewinnen wird, beantwortet? Erst eine genauere Betrachtung zeigt ein differenziertes Bild. Bei der gewerblichen Verwendung fremder Inhalte aus dem Netz durch Dritte müssen zwei Typen von Unternehmen unterschieden werden: Inhalte- und Infrastrukturanbieter.

Inhalteanbieter sind Unternehmen, die ein eigenes inhaltliches Angebot auf Basis im Netz gesammelter fremder Inhalte für den Endbenutzer bereitstellen. Ein Beispiel für diese Gruppe von Unternehmen war Listpic, das auf den Bildern von Craigslist basierte. Dieser Typ von Unternehmen steht immer vor dem Problem, dass passende Inhalte für ihr Angebot entscheidend sind. Wird der Zugang zu den Inhalten für sie blockiert, ist ihr Geschäftsmodell sehr schnell erledigt. Die Lieferanten der Inhalte haben es in der Hand, den Unternehmen juristisch oder technisch Probleme zu bereiten. Das schreckt natürlich auch Investoren ab. Die Finanzierung solcher Unternehmen ist grundsätzlich risikoreich, weil nicht absehbar ist, ob ihr Geschäftsmodell in Zukunft von heute auf morgen durch einen Dritten zu Fall gebracht wird.

Auf der anderen Seite stehen die Anbieter der Infrastruktur zur Sammlung, Analyse, Verarbeitung und Speicherung von Inhalten im Netz. Der Unterschied zu Anbietern, die selber direkt Inhalte aus dem Netz verarbeiten, ist, dass sie nur Werkzeuge zur Verfügung stellen. Erst der einzelne Nutzer greift mit diesen Werkzeugen auf die Inhalte im Netz zu. Beispiele sind die vorgestellten Dienste Kimono, Pipes und IFTTT. Für die „Lieferanten" von Inhalten ist es schwerer, wenn auch nicht unmöglich, diese Werkzeuge zu blockieren. Es entsteht eine Vielfalt individueller Ideen zur Nutzung der Inhalte des Netzes. Nicht alle können kontrolliert werden. Beispielweise erlaubte die Kombination von Pipes und IFTTT zunächst, die von Twitter erzwungene Einschränkung bei IFTTT zu umgehen. Durch Kombination einer Suche innerhalb von Tweets und einer Weiterleitung der Ergebnisse per RSS-Feed über Pipes an IFTTT konnte die abgeschaltete Funktion einfach nachgebaut werden. Nachdem Twitter am 13. Juni 2013 die angekündigten Änderungen für den Zugriff auf „seine" Inhalte auch technisch vollständig umgesetzt hatte, funktionierte dieser Weg aber ebenfalls nicht mehr. Doch die Netzgemeinde reagierte schnell und stellte bereits wenige Tage später Werkzeuge bereit, mit denen sich die alte Funktionalität nachbauen lässt. Ian Gray präsentierte zum Beispiel eine Lösung, mit der Twitter-Inhalte wieder per RSS ausgelesen und verteilt werden können (Gray 2013). Sie ist zwar etwas schwerer umzusetzen als der ursprünglich mit IFTTT und Pipes realisierbare Umweg, stellt aber auch für weniger technisch begabte Nutzer kein unüberwindliches Hindernis dar. Das Beispiel zeigt, wie schwer es ist, übergreifende technische Restriktionen bei Infrastrukturanbietern durchzusetzen. Es stehen einfach viele Ausweichmöglichkeiten zur Verfügung und die Technik zur individuellen Nutzung der Inhalte des Netzes wird immer umfangreicher und benutzerfreundlicher.

Konsequent zu Ende gedacht existieren auf beiden Seiten zwei extreme Szenarien. Im ersten Szenario kontrollieren wenige Konzerne vollständig die Inhalte im Netz und lassen keinen individuellen und ungeregelten – meistens unbezahlten – Zugriff zu. Im zweiten Szenario sind alle Quellen im Internet für jeden Anwender frei – respektive kostenlos – zugänglich. Beide Szenarien sind unrealistisch. In Zukunft wird sich eine Situation einstellen, die irgendwo zwischen den extremen Positionen liegt. Die Frage ist, liegt der Schwerpunkt näher bei geschlossenen, durch wenige Konzerne beherrschten Inhalten oder bei offenen, für jeden – innerhalb gewisser Grenzen – frei zugänglichen Inhalten?

Wir Nutzer können einen Beitrag dazu leisten, welches der genannten Szenarien sich stärker durchsetzen wird. Je mehr Anwender auf Basis der Infrastruktur, wie sie zum Beispiel von Yahoo, IFTTT und anderen bereitgestellt wird, auf Inhalte im Netz zugreifen, umso schwerer wird es für die „Eigentümer" der Inhalte, diese Lösungen flächendeckend zu verhindern. Und der Anreiz für uns Nutzer ist hoch. Besonders dann, wenn aus dem Netz bezogene Inhalte individuelle Fragestellungen beantworten und einen direkten finanziellen Vorteil liefern. Ich denke dabei an meine Einsparung bei der Planung der Hawaii-Reise. Woran denken Sie?

Die großen Internet-Konzerne müssen sich enorm anstrengen, wenn sie den Zugriff auf diese wertvollen Inhalte dauerhaft verhindernd möchten. Die legale „Ernte" von Inhalten im Netz wird sich auf Dauer nicht verhindern lassen. Besser wäre eine Strategie zu verfolgen, die eine friedliche Koexistenz zwischen den Anbietern und Nutzern ermöglicht. Zum Vorteil für alle. Reid Hoffman, Gründer und CEO von LinkedIn, antwortete auf die Frage, was Unternehmen davon haben, wenn ihre Inhalte durch Dritte „weiterverwendet" werden: *„glückliche und verbundene Nutzer"* (McHugh 2007). Ob sich diese Einsicht kurzfristig bei den großen Anbietern im Netz durchsetzen wird, bleibt zu bezweifeln. Zentraler Punkt ist die Frage, wie mit den Inhalten Geld verdient wird. Schließlich müssen auch diese Unternehmen ihre Angebote finanzieren. Der Konflikt zwischen beiden Seiten wird nur dann gelöst werden, wenn gelingt, was auch bei anderen teilbaren Gütern funktioniert. Benötigt wird ein faires und von allen Seiten akzeptiertes Bezahlmodell. Für die seit Jahrhunderten geteilten Güter bezahlen wir ja auch. Oder nutzen Sie Hotels, die Energieversorgung oder Konzerte, ohne zu bezahlen? Sicherlich nicht. Der Unterschied in der digitalen Welt ist allerdings, dass man an deren Inhalte viel leichter, ohne zu bezahlen, herankommt. Und damit wächst auch die Gefahr des Missbrauchs.

Überwachung von Internet-Shops

Hinweis:

Die folgende Auflistung erläutert Eckpunkte, wie eine automatische Überwachung eines Internet-Shops aufgebaut wird. Da jede Webseite anders strukturiert ist, kann es keine allgemein gültige Schritt-für-Schritt-Erläuterung sein. Zum Verständnis ist eine vorhergehende Einführung in die Nutzung von Kimono, Yahoo Pipes und IFTTT erforderlich. Sollten Sie mit den Werkzeugen noch nicht vertraut sein, beachten Sie unbedingt die angegebenen Tutorials zu jedem der Werkzeuge.

Wenn Sie keine eigene Überwachung eines Internet-Shops erstellen möchten, können Sie diesen Abschnitt auch überschlagen.

Berücksichtigen Sie bitte immer die Nutzungsbedingungen der Webseiten und verwenden Sie die erläuterten Techniken nur dort, wo ein Einverständnis der Betreiber vorliegt. Beachten Sie auf jeden Fall die gesetzlichen Vorgaben zum Datenschutz und zur Speicherung personenbezogener Daten.

Ziel:

Kontinuierliche Überwachung der Preisentwicklung von Produkten oder Dienstleistungen in einem Web-Shop.

1. Quellen der Inhalte ermitteln

Zunächst ist zu prüfen, wie die gewünschten Inhalte zu einem Produkt oder einer Dienstleistung (Name, Preis, Händler, Lieferzeit etc.) von der zu überwachenden Webseite extrahiert werden können.

Bietet die Webseite einen RSS- oder Atom-Feed für die Suche oder einen Feed mit aktuellen Informationen zu neuen Produkten an, dann verwenden Sie diesen Feed am besten direkt. Das Auslesen der Inhalte von der Seite (zum Beispiel mit Kimono) ist in solchen Fällen häufig nicht erforderlich. Trifft das auf Ihre Situation zu, dann gehen Sie zu Arbeitsschritt 3.

Bietet die betrachtete Webseite keinen Feed an, müssen die Daten aus der Webseite ausgelesen werden. Suchen Sie dazu auf der Seite nach dem von Ihnen gewünschten Inhalt und verändern Sie die angezeigten Suchergebnisse (zum Beispiel Sortierung nach Preis, Umfang der angezeigten Ergebnisse etc.) solange bis das Ergebnis für Sie zufriedenstellend ist.

2. Auslesen der Inhalte

Starten Sie dann Kimono über das PlugIn im Google Chrome Browser und erstellen eine neue Abfrage zum Auslesen der Inhalte aus der Webseite.

Kimono ermöglicht Ihnen alle auszulesenden Inhalte zu selektieren. Das Werkzeug versucht, automatisch gleiche Inhalte zu markieren. Verändern Sie diese Auswahl solange, bis Sie ein zufriedenstellendes Ergebnis erhalten. Nehmen Sie zu jedem auszulesenden Eintrag eine eindeutige URL (zum Beispiel eine Verknüpfung auf ein Bild) in Ihre Auswahl auf. Nachdem Sie fertig sind, speichern Sie die erzeugte Auswahl und wählen als Ausgabeformat „CSV". Kopieren Sie abschließend noch die URL der CSV-Ausgabe in die Zwischenablage.

Sie können die von Ihnen erstellte Datenauslese überprüfen, indem Sie die kopierte URL in einem Browser aufrufen. Wenn alles korrekt funktioniert, zeigt Ihr Browser eine durch Kommata getrennte Auflistung der gewünschten Inhalte an.

3. Übernahme der Inhalte nach Yahoo Pipes

Öffnen Sie Yahoo Pipes und erstellen Sie mit „Create a Pipe" eine neue Pipe.

Wenn Ihre Zielseite einen passenden RSS- oder Atom-Feed bereitstellt, dann können Sie diesen mit dem Modul „Fetch Feed" direkt in Yahoo Pipes einlesen. Haben Sie mithilfe von Kimono eine CSV-Ausgabe der Inhalte erzeugt, dann verwenden Sie das Modul „Fetch CSV".

In beiden Fällen erhalten Sie in Yahoo Pipes einen Datenstrom, der zu jedem ausgelesenen Produkt oder zur Dienstleistung alle Informationen für die weitere Analyse enthält.

4. Aufbereiten der Ergebnisse

Bearbeiten Sie die eingelesenen Inhalte mit den vielfältigen Möglichkeiten von Yahoo Pipes. Zum Beispiel erlaubt das Modul „Filter", den gesamten Datenstrom nach dem Preis der ausgewählten Produkte zu filtern.

Wenn Sie zum Beispiel als Kriterium einen Maximalpreis angeben, werden nur noch Produkte unterhalb dieses Preises weitergeleitet.

5. Ausgabe als RSS-Feed

Erzeugen Sie mithilfe des Moduls „Create RSS" abschließend eine Ausgabe Ihres individuellen Web-Inhaltes als Feed. Speichern Sie die Pipe und kehren mit „Back to My Pipes" zur Übersichtsanzeige zurück.

In der Übersichtsanzeige wählen Sie die neu erzeugte Pipe aus. Sie erhalten einen ersten Blick auf die Ergebnisse direkt im Dashboard von Yahoo Pipes. Oberhalb der Ergebnisliste werden verschiedene Ausgabeformate zur Auswahl angeboten. Kopieren Sie die URL des Ausgabeformates „Get as RSS" in die Zwischenablage.

6. Automatische Abfrage der Inhalte

Öffnen Sie IFTTT und erstellen Sie mit „Create" ein neues Rezept. Unter der Auswahl des auslösenden Kanals (Trigger Channel) wählen Sie „Feed". Im sich öffnenden Eingabefeld fügen Sie die aus Yahoo Pipes kopierte URL ein.

IFTTT führt eine Prüfung des auslösenden Feeds durch. Sollten Sie eine Fehlermeldung erhalten, ist die Ursache häufig ein nicht gefülltes Link-Feld im Modul "Create RSS" von Yahoo Pipes. Gehen Sie in diesem Fall zurück zu Yahoo Pipes und füllen das Feld mit eindeutigen Werten, indem Sie passende Eingangsdaten im Modul „Create RSS" verknüpfen. Beziehen Sie die Ausgangsdaten direkt aus einem RSS- oder Atom-Feed einer Webseite, dann ist dort meistens ein Link-Eintrag vorhanden. Verknüpfen Sie in diesen Fall die Link-Daten nur noch im Modul „Create RSS" in Yahoo Pipes. Haben Sie Kimono zur Extraktion der Inhalte einer Webseite verwendet, greifen Sie auf die unter Punkt 2 einbezogene eindeutige URL zurück.

Als „Action" wählen Sie die Aktion aus, die ausgeführt wird, sobald auf der von Ihnen überwachten Webseite ein neues Produkt oder eine neue Dienstleistung mit den vorgegebenen Filter-Kriterien verfügbar ist. Zum Beispiel können Sie sich eine SMS oder E-Mail senden lassen oder eine Nachricht mit den Diensten Pushover oder Boxcar (www.boxcar.io) auf Ihr Smartphone schicken.

Anmerkung:

Der vorgestellte Ablauf lässt sich natürlich auch für andere Zwecke einsetzen. Sämtliche Inhalte, die in strukturierter Form mit Kimono ausgelesen werden oder als Feed zur Verfügung stehen, lassen sich mit Yahoo Pipes kombinieren, filtern und analysieren.

Egal ob Immobilien, Aktienkurse oder Benzinpreise. Beachten Sie aber immer die Nutzungsbedingungen der Quellen.

Missbrauch programmiert

Überwachung für jeden?

Am 7. Juni 2012 berichtete der Norddeutsche Rundfunk über ein Forschungsprojekt der SCHUFA und des in Potsdam ansässigen Hasso-Plattner-Instituts (HPI). Die SCHUFA hatte das HPI beauftragt, Möglichkeiten für den Aufbau von Verbraucherprofilen auf Basis von im Internet frei zugänglicher Inhalte zu erarbeiten. Das gemeinsame Projekt erhielt den Namen SCHU-FALab@HPI. Neben den bereits von der SCHU-FA genutzten Daten von Banken, Versicherungen, Einzelhändlern und Dienstleistern sollten auch die Inhalte des Internets u. a. in die Bewertung der Bonität von Verbrauchern einbezogen werden (Teevs 2012). Der NDR zitierte aus einem vertraulichen Papier, nach dem die SCHUFA und

das HPI plante, E-Mail-Adressen, Postadressen,
Facebook-IDs und weitere personenbezogene
Merkmale zu sammeln. Mithilfe solcher, in vielen
Fällen direkt auf einzelne Nutzer zurückführba-
rer Daten, sollten Inhalte im Netz identifiziert
und in die Bonitätsbewertung einbezogen werden (Hornung & Webermann 2012). Das Projekt
löste erheblichen Widerstand bei Datenschützern,
Politik und Nutzern aus. Er hoffe, die SCHUFA
habe die zuständige Datenschutzaufsichtsbehör-
de in Hessen über das Projekt informiert und
werde datenschutzrechtliche Vorgaben einhalten,
kommentierte der damalige Bundesbeauftragte
für den Datenschutz Peter Schar die Planungen
(Medick & Reißmann 2012). Auch in sozialen
Netzwerken fanden sich schnell Kommentare. Sie
reichten von ironisch bis nachdenklich. Hanno
Zulla schrieb: *„Habe meine weniger vermögenden
Kontakte in Xing, Facebook und Google+ entfernt. Die
Schufa kann kommen."* (Zulla 2012) Silke Berz
kommentierte ernster: *„Das kommt davon, wenn
Millionen von Social-Media-Experten predigen, Unternehmen sollten bei Twitter und Facebook zuhören."*
(Berz 2012) Die Ideen der SCHUFA und des HPI
erschreckten viele; zeigten sie doch einer breiten
Öffentlichkeit, welche Möglichkeiten in der Auswertung der Inhalte des Netzes stecken. Versuche
dieser Art werden in den kommenden Jahren
nicht auf Unternehmen und Forschungseinrichtungen beschränkt bleiben. Vielmehr wird jeder
Nutzer in der Lage sein, mehr oder weniger

komplexe Auswertungen basierend auf den Inhalten des Internets zu erstellen. Bereits heute
ermöglicht das Netz – zumindest teilweise – den
Aufbau solcher Lösungen. Wir sollten nicht so
naiv sein zu glauben, dass sie nicht irgendwo von
irgendwem bereits genutzt werden. Und die
Entwicklung, Inhalte im Netz immer besser auszuwerten, wird sich weiter beschleunigen. Der
Grund dafür ist, dass allgemein verfüg- und be-
dienbare Werkzeuge auf dem Massenmarkt an-
gekommen sind:

Sammeln

Es stehen Werkzeuge zur Verfügung, die Inhalte
im Netz einfach beschaffen und für die digitale
Weiterverarbeitung bereitstellen. Strukturiert digitale Inhalte aus Webseiten auszulesen, ist einfach geworden. Ein Beispiel für diese Werkzeugkategorie ist Kimono.

Kombinieren, filtern und analysieren

Es stehen Werkzeuge zur Verfügung, um struk-
turierte digitale Inhalte einfach zu kombinieren,
zu filtern und zu analysieren. Die inhaltliche
Auswertung, also die Reaktion von Computern
auf die Semantik digitaler Inhalte, ist einfach und
auch von technisch weniger versierten Anwendern umzusetzen als noch vor wenigen Jahren.
Ein Beispiel für diese Werkzeugkategorie ist
Pipes.

Automatisieren

Es stehen Werkzeuge zur Verfügung, um die erforderlichen Arbeitsschritte zur Sammlung, Kombination, Filterung und Analyse digitaler Inhalte zu automatisieren. Auch sie können von normalen Anwendern ohne umfassendes technisches Wissen eingesetzt werden. Ein Beispiel für diese Werkzeugkategorie ist IFTTT.

Verteilen

Die Infrastruktur zum mobilen Zugriff auf das Internet verbreitet sich weltweit mit zweistelligen Wachstumsraten. Dadurch wird der schnelle und einfache Zugang zu individuell erstellten Auswertungen für jeden Nutzer an jedem Ort zu jeder Zeit möglich.

Die Werkzeuge zum Sammeln, Kombinieren, Filtern und Analysieren stehen uns schon seit längerer Zeit zur Verfügung. Individuelle Analysen der Inhalte aus dem Netz setzen sich aber erst jetzt langsam durch, nachdem auch die einfache Automatisierung und der mobile Zugriff hinzugekommen sind. Wir stehen vor dem nächsten Schritt in der Nutzung des Internets. In den kommenden Jahren werden wir bei der Verwertung der Inhalte des Netzes eine Vielfalt von Lösungen sehen.

Viele davon können wir uns heute noch nicht einmal vorstellen. Angefangen bei unbedenklichen, über umstrittene bis zu illegalen Lösungen rund um die Inhalte des Netzes.

Ein unbedenkliches und gutes Beispiel ist die vom britischen Guardian initiierte Plattform zum Datenjournalismus. Leser der britischen Tageszeitung sind aufgerufen, öffentlich zugängliche Daten aus dem Netz auszuwerten und online bereitzustellen. Auf einer speziellen Webseite des Guardian (www.guardian.co.uk/news/datablog) kann jeder auf die Ergebnisse zugreifen. Der Hintergrund der Idee ist denkbar einfach. Die Redaktion in London geht davon aus, dass die Qualität von Analysen zu gesellschaftlich relevanten Themen steigt, wenn Experten aus der Leserschaft beteiligt werden. Es wird erwartet, dass dadurch mehr Transparenz und Kontrolle öffentlicher Institutionen und Unternehmen entsteht. Die Ergebnisse geben dem Guardian Recht. Durch die Beteiligung der Basis lieferte die Zeitung in den letzten Jahren immer wieder interessante Nachrichten und Analysen. Ebenfalls unbedenklich ist die Nutzung der Inhalte des Netzes für Auswertungen, die dem einzelnen Nutzer einen Mehrwert liefern. Natürlich immer unter der Voraussetzung, dass die zugrundeliegenden Inhalte legal bezogen werden. Zum Beispiel die automatische Suche und Information über günstige Angebote zu Produkten und Dienstleistungen. Dabei fällt allerdings auf, dass immer mehr Anbieter alles andere als erfreut sind, wenn „ihre Inhalte" für solche Auswertungen herangezogen werden. Das ist verständlich, führt der Vergleich doch zu mehr Transparenz und damit Wettbewerb. Bei teuren Anbietern sind sinkende Einnahmen die Konsequenz. Das einzelne Anbieter sich diesem Wettbewerb lieber nicht stellen möchten, liegt auf der Hand. Der finanzielle Vorteil, den eine clevere Nutzung des Netzes uns Verbrauchern verspricht, wird aber zu einer weiteren Verbreitung führen.

Neben der unbedenklichen Nutzung der Inhalte des Netzes existieren aber auch einige umstrittene und teilweise sogar rechtlich bedenkliche Szenarien. Der Übergang zwischen den einzelnen Bereichen ist häufig fließend. Umstritten ist zum Beispiel die Beschaffung größerer Mengen von Inhalten zur kommerziellen Nutzung auf Basis fremder Datenbanken. In dem Punkt haben selbst Gerichte bisher nicht abschließend zur Klärung beigetragen. Zwei voneinander unabhängige Fälle, in denen Reisevermittler ohne Genehmigung die Inhalte der Webseiten von Fluggesellschaften auswerteten, zeigen, wie unterschiedlich die juristische Bewertung ist. Das Oberlandesgericht Hamburg sah das virtuelle Hausrecht einer Airline bereits dadurch verletzt, dass deren Webseite in einer Form verwendet wurde, die nicht dem üblichen Gebrauch entsprach. Dadurch war die

Fluggesellschaft berechtigt, gegenüber dem Reisevermittler, der auf ihre Daten ungefragt zugriff, ein Verbot auszusprechen (OLG Hamburg, 28.05.2009 - 3 U 191/08). Anders urteilte das Oberlandesgericht Frankfurt. In einem ähnlichen Rechtsstreit ging das Gericht davon aus, dass das Extrahieren fremder Inhalte einer Webseite im Rahmen des Screen-Scrapings, also dem direkten Auslesen von Inhalten aus Webseiten ähnlich dem Prinzip von Kimono, keine Verletzung des „virtuellen Hausrechts" darstellt (OLG Frankfurt, 05.03.2009 - 6 U 221/08). Die bereits aus der Diskussion um das Leistungsschutzrecht bekannte Frage, in welchem Umfang Inhalte fremder Webseiten ausgelesen und genutzt werden dürfen, taucht damit auch in einem von Suchmaschinen unabhängigen Zusammenhang wieder auf. Im Juni 2011 hat der Bundesgerichtshof unter bestimmten Voraussetzungen das Auslesen von Inhalten fremder Datenbanken für zulässig erklärt (Dittmann 2011). Sicherlich sind noch einige Gerichtsurteile erforderlich, bis endgültig Klarheit herrscht.

Im Streit um die Inhalte des Netzes ist noch nicht entschieden, ob wir mehr Freiheit oder Einschränkungen bei deren individueller Nutzung erfahren werden. Einiges hängt von der Klärung rechtlicher Fragen zum Urheberrecht ab. Auf Dauer wird der Kampf aber für die Anbieter von Inhalten juristisch nicht zu gewinnen sein. Die

technischen Möglichkeiten entwickeln sich dafür
einfach zu schnell. Ein Beispiel ist die von einem
schwedischen Gericht verbotene digitale Tausch-
plattform Pirate Bay. Seitdem die Seite im Jahr
2003 erstmals online geschaltet wurde, liefern
sich deren Betreiber mit den für die Bekämpfung
von Internet-Piraterie zuständigen Behörden verschiedener Staaten ein Katz-und-Maus-Spiel.
Heute ist der Quellcode, also die Software mit
der prinzipiell jeder einen Klon der Plattform im
Netz bereitstellen kann, frei verfügbar. Erfolgt
der Betrieb in einem Land, in dem deutsche Gerichte keinen Einfluss haben, ist das juristische
Schwert schnell stumpf. Nur ein massiver Eingriff in die technische Struktur des Internets
könnte für die Gegner der freien Inhalte nachhaltig zum Ziel führen. Dann würden aber alle
durch sinkendes Tempo bei Innovationen, einge-
schränkte Möglichkeiten zur Information und
Verlust an Meinungsfreiheit verlieren. Ernesto
Van Der Sar (Pseudonym), Gründer der Copy-
right- und Piraterie-Seite Torrent-Freak, empfahl
den Anbietern von Inhalten deshalb, endlich mit
dem Kampf gegen die Piraterie aufzuhören. Die
Versuche, juristische Lösungen anzustreben, lie-
fen nun schon seit Jahren ohne erkennbaren Erfolg. Vielmehr sollten die Unternehmen anfangen, mit neuen Formen der Verteilung von Inhalten zu experimentieren (Bilton 2012).

Aber auch dann, wenn irgendwann der Streit um Leistungsschutz- und Urheberrecht beigelegt sein sollte, wird eine Sache kritisch bleiben: die Auswertung von personenbezogenen Nutzerdaten. Besonders wenn es ohne Wissen und Einfluss der Betroffenen geschieht. Die Ideen der SCHUFA und des Hasso-Plattner-Instituts waren dabei nicht der erste Versuch, aus den Inhalten des Netzes vermarktungsfähige Informationen zu gewinnen. Im Mai 2010 kam heraus, dass das Marktforschungsunternehmen Nielsen ein Forum zum Austausch zwischen Patienten mit psychischen Erkrankungen überwachte. Auftraggeber war ein Unternehmen aus der pharmazeutischen Industrie. Mithilfe der veröffentlichten Beiträge wollte man Erkennt-nisse über die Verwendung und Bewertung pharmazeutischer Produkte durch die Erkrankten gewinnen. Als „Abfallprodukt" wurden persönliche Daten erfasst, die auch zur Identifizierung einzelner Teilnehmer des Forums genutzt werden konnten (Angwin & Stecklow 2010).

Es existieren bereits viele kommerzielle Auswertungen, die aufgrund der fehlenden Öffentlichkeit den meisten von uns unbekannt sind. Oder wussten Sie, dass die infas geodaten GmbH zu nahezu 19,6 Millionen Gebäuden in Deutschland *„Soziodemographie, Gesundheit, Konsumverhalten und Freizeit, PKW-Bestand sowie zu Wohnumfeld- und Lagekriterien"* auswertet (Infas Geodaten

2013)? Auch ist den meisten wahrscheinlich nicht bekannt, dass im Internet Datenbanken mit den Vor-, Nach- und Anmeldenamen deutscher Facebook Nutzer für jeden erreichbar sind. Einzige Voraussetzung für den Zugriff ist die zugehörige URL zu kennen.

Zukünftig werden umfassende Analysen auf Basis der im Netz vorhandenen Datenbestände jedem Nutzer zur Verfügung stehen. Mit wenig Aufwand werden sich die Inhalte auslesen und in verschiedenen Auswertungen verarbeiten lassen. Die Kombination mit weiteren persönlichen Inhalten aus dem Netz ist dann nur ein kleiner Schritt. Und das besondere Risiko liegt darin, dass die erforderlichen Abläufe einfach automatisiert werden können. Selbst der „normale" Anwender muss sich nicht mehr hinsetzen und alle benötigten Daten manuell durchsuchen. Wir sind nicht mehr so weit weg von der Idee der SCHUFA und des Hasso-Plattner-Instituts. Der Unterschied ist nur, dass es bald beinahe jeder kann. Das zeigt, welche Möglichkeiten bereits existieren bzw. in naher Zukunft auf uns zukommen. Nur wer diese Anwendungen durchschaut, kann sie im zulässigen Rahmen für sich einsetzen und sich bei illegaler Anwendung dagegen schützen.

Überwachung von Internet-Foren

Hinweis:

Die folgende Auflistung erläutert Eckpunkte, wie eine automatische Überwachung von Internet-Foren aufgebaut wird. Da jede Webseite anders strukturiert ist, kann es keine allgemein gültige Schritt-für-Schritt-Erläuterung sein. Zum Verständnis ist eine vorhergehende Einführung in die Nutzung von Kimono, Yahoo Pipes und IFTTT erforderlich. Sollten Sie mit den Werkzeugen noch nicht vertraut sein, beachten Sie unbedingt die angegebenen Tutorials zu jedem der Werkzeuge.

Wenn Sie keine eigene Überwachung von Foren erstellen möchten, können Sie diesen Abschnitt auch überschlagen.

Die ersten Schritte sind identisch mit der bereits erläuterten Überwachung von Internet-Shops. Ein neuer Aspekt ist die automatische Speicherung gesammelter Inhalte mithilfe von Cloud-Speicher-Diensten. Um auch an dieser Stelle eine vollständige Beschreibung der Abläufe anzugeben, habe ich die ersten Schritte wiederholt.

Berücksichtigen Sie bitte immer die Nutzungsbedingungen der Webseiten und verwenden Sie die erläuterten Techniken nur dort, wo ein Einverständnis der Betreiber vorliegt. Beachten Sie auf jeden Fall die gesetzlichen Vorgaben zum Datenschutz und zur Speicherung personenbezogener Daten.

Ziel:

Kontinuierliche Überwachung der Beiträge in Internet-Foren nach frei wählbaren Suchbegriffen und automatische Speicherung der Beiträge zur späteren Analyse.

1. Quellen der Inhalte ermitteln

Zunächst ist zu prüfen, wie die gewünschten Inhalte eines Internet-Forums von der zu überwachenden Webseite extrahiert werden können.

Bietet die Webseite des Forums einen RSS- oder Atom-Feed zu neuen Beiträgen an, dann verwenden Sie diesen Feed am besten direkt. Das Auslesen der Inhalte von der Seite (zum Beispiel mit Kimono) ist in solchen Fällen häufig nicht erforderlich. Trifft das auf Ihre Situation zu, dann gehen Sie zu Arbeitsschritt 3.

Bietet die betrachtete Webseite keinen Feed an, müssen die Daten aus der Webseite ausgelesen werden.

2. Auslesen der Inhalte

Öffnen Sie die auszulesende Webseite und führen Sie – wenn erforderlich – eine Suche nach den gewünschten Foreninhalten durch. Starten Sie dann Kimono über das PlugIn im Google Chrome Browser und erstellen eine neue Abfrage zum Auslesen der Inhalte aus der Webseite.

Kimono ermöglicht Ihnen nun die auszulesenden Inhalte zu selektieren. Dabei versucht Kimono automatisch gleiche Inhalte zu markieren. Verändern Sie diese Auswahl solange, bis Sie ein zufriedenstellendes Ergebnis erhalten. Nehmen Sie zu jedem auszulesenden Eintrag eine eindeutige URL (zum Beispiel eine Verknüpfung auf ein Bild) in Ihre Auswahl auf. Nachdem Sie fertig sind, speichern Sie die erzeugte Auswahl und wählen als Ausgabeformat „CSV". Kopieren Sie abschließend noch die URL der CSV-Ausgabe in die Zwischenablage.

Sie können die von Ihnen erstellte Datenauslese überprüfen, indem Sie die kopierte URL in einem Browser aufrufen. Wenn alles korrekt funktioniert, zeigt Ihr Browser eine durch Kommata getrennte Auflistung der ausgelesenen Foren-Beiträge an.

3. Übernahme der Inhalte nach Yahoo Pipes

Öffnen Sie Yahoo Pipes und erstellen Sie mit „Create a Pipe" eine neue Pipe.

Wenn das betrachtete Forum einen passenden RSS- oder Atom-Feed bereitstellt, dann können Sie diesen mit dem Modul „Fetch Feed" direkt in Yahoo Pipes einlesen. Haben Sie mithilfe von Kimono eine CSV-Ausgabe der Inhalte erzeugt, dann verwenden Sie das Modul „Fetch CSV".

In beiden Fällen erhalten Sie einen Datenstrom in Yahoo Pipes, der zu jedem Beitrag im Forum Informationen für die weitere Analyse enthält.

4. Aufbereiten der Ergebnisse

Bearbeiten Sie die eingelesenen Inhalte mit den vielfältigen Möglichkeiten von Yahoo Pipes. Zum Beispiel erlaubt das Modul „Filter", den gesamten Datenstrom gezielt nach Schlagwörtern innerhalb der Beiträge des Forums einzuschränken. Wenn Sie zum Beispiel gezielt nach Beiträgen zu einem Thema suchen, werden dann nur noch passende Inhalte weitergeleitet.

5. Ausgabe als RSS-Feed

Erzeugen Sie mithilfe des Moduls „Create RSS" abschließend eine Ausgabe der individuell gefilterten Foren-Beiträge als Feed. Speichern Sie die

Pipe und kehren mit „Back to My Pipes" zur Übersichtsanzeige zurück.

Wählen Sie die neue Pipe in der Übersichtsanzeige aus. Sie erhalten einen ersten Blick auf die erzeugten Ergebnisse. Oberhalb der Ergebnisliste werden verschiedene Ausgabeformate zur Auswahl angeboten. Kopieren Sie die URL des Ausgabeformates „Get as RSS" in die Zwischenablage.

6. Automatische Abfrage der Inhalte

Öffnen Sie IFTTT und erstellen Sie mit „Create" ein neues Rezept. Unter der Auswahl des auslösenden Kanals (Trigger Channel) wählen Sie „Feed". Im sich öffnenden Eingabefeld fügen Sie die aus Yahoo Pipes kopierte URL ein.

IFTTT führt eine Prüfung des auslösenden Feeds durch. Sollten Sie eine Fehlermeldung erhalten, ist die Ursache häufig ein nicht gefülltes Link-Feld im Modul „Create RSS" von Yahoo Pipes. Gehen Sie in diesem Fall zurück zu Yahoo Pipes und füllen das Feld mit einer eindeutigen URL, indem Sie passende Eingangsdaten im Modul „Create RSS" verknüpfen. Beziehen Sie die Ausgangsdaten direkt aus einem RSS- oder Atom-Feed eines Forums, dann ist dort meistens ein Link-Eintrag vorhanden. Verknüpfen Sie in diesem Fall die Link-Daten nur noch im Modul „Create RSS" in Yahoo Pipes. Haben Sie Kimono zur

Extraktion der Inhalte eines Forums verwendet, greifen Sie auf die unter Punkt 2 einbezogene eindeutige URL zurück.

Als „Action" wählen Sie die Aktion aus, die ausgeführt wird, sobald in dem von Ihnen überwachten Forum ein neuer Beitrag mit den vorgegebenen Filter-Kriterien verfügbar ist. Wenn Sie neue Beiträge kontinuierlich im Netz speichern möchten, bieten Cloud-Speicher-Dienste eine Lösung. IFTTT ermöglicht die Verwendung von Evernote, Dropbox, OneDrive oder Google Drive. Mit IFTTT kann zum Beispiel automatisch ein neuer Eintrag mit allen relevanten Inhalten in einer Google-Tabelle erstellt werden, sobald ein neuer Beitrag im Forum verfügbar ist. Sämtliche Arbeiten werden von den genannten Diensten automatisch ausgeführt. Die gesammelten Inhalte können von Ihnen zu jeder Zeit im ausgewählten Cloud-Speicher abgerufen werden.

Anmerkung:

Der vorgestellte Ablauf lässt sich natürlich auch für andere Zwecke einsetzen. Sämtliche Inhalte, die in strukturierter Form mit Kimono ausgelesen werden oder als Feed zur Verfügung stehen, lassen sich auf diesem Weg automatisch im Netz zur späteren Verwendung speichern. Beachten Sie immer die Nutzungsbedingungen der jeweiligen Datenquelle und Dienste.

NSA zum selber bauen?

Im Mai 2013 äußerte sich Eric Schmidt, Executive Chairman von Google, gegenüber der britischen Zeitung The Telegraph mit den Worten: *„Wir müssen für unsere Privatsphäre kämpfen oder wir verlieren sie."* (Colvile 2013) Der sicherste Weg, für seine Privatsphäre zu kämpfen, ist der, persönliche Daten gar nicht erst zu veröffentlichen. Im Zeitalter des Web 3.0 ist dieser Ansatz aber nicht mehr realistisch. Wir können nicht verhindern, persönliche Daten über uns im Netz zu produzieren. Deshalb ist es umso wichtiger, neben den vielen Chancen die uns das Internet heute eröffnet auch die Risiken zu erkennen.

Ein Beispiel zeigt, wie leichtfertig mit persönlichen Inhalten im Internet umgegangen wird. Das soziale Netzwerk Facebook ist jedem ein Begriff. Seit seiner Gründung im Jahr 2004 expandiert das Unternehmen kontinuierlich. 2012 waren weltweit mehr als 1 Milliarde Nutzer auf Facebook aktiv. Pro Tag erzeugten sie damals mehr als 300 Millionen Fotos und 3,2 Milliarden Kommentare und Likes, eine Zustimmung, die zu Einträgen auf Facebook abgegeben werden kann (Website-Monitoring.com 2012). In Deutschland waren Ende 2012 rund 25 Millionen Nutzer in dem sozialen Netzwerk angemeldet. 2,5 Prozent der weltweit registrierten Facebook-Anwender. Rechnet man die eingestellten Fotos, Kommentare und Likes nach diesem Anteil um, so ergeben sich 7,5 Million Fotos und 80 Millionen Kommentare und Likes, die Ende 2012 täglich von deutschen Facebook-Nutzern erstellt wurden. In diesen Inhalten finden sich sehr persönliche Beiträge. Viele von ihnen öffentlich, die jeder auf Facebook suchen und lesen kann. Die Techniken dafür sind nicht kompliziert und werden von Facebook auf den eigenen Hilfe-Seiten im Detail beschrieben.

Das Unternehmen ermöglicht den Zugang zu „seinen" Inhalten, um darin gezielt nach Begriffen zu suchen. Dazu stellt es eine Funktion zur Verfügung, die einfach per Browser abgefragt werden kann. Ihr Name: Facebook Graph API. Die Adresse lautet http://graph.facebook.com. Wer diese URL in seinem Internet Browser eingibt, stößt zunächst auf eine Fehlermeldung. Es fehlen noch weitere Parameter, um gezielt Daten auszugeben. Mit einer einfachen Ergänzung können zum Beispiel für jeden registrierten Nutzer die persönlichen Identifikationsdaten ermittelt werden. Dazu ist die URL nur um den Facebook-Namen zu erweitern:

https://graph.facebook.com/<Facebook Name>

Das Ergebnis ist eine maschinenlesbare Auflistung der eindeutigen Facebook-ID, des Geschlechts und der geographischen Position und Sprache des betrachteten Nutzers.

Darüber hinaus erlaubt Facebook mit derselben API den kontinuierlich erzeugten öffentlichen Datenstrom des sozialen Netzwerks gezielt nach Begriffen zu durchsuchen. Damit diese Abfrage funktioniert, wird lediglich ein Zugangscode benötigt. Mit diesem Zugangscode erfolgt eine Identifikation gegenüber Facebook und der Zugriff auf die angeforderten Daten wird autorisiert. Diesen Zugangscode erhält jeder registrierte Nutzer durch die kostenfreie Anmeldung als Entwickler. Innerhalb weniger Sekunden steht der benötigte Code im eigenen Facebook-Konto zur Verfügung und die Tür zur Abfrage des Facebook-Datenstroms weit offen.

Bei Facebook finden sich öffentliche Einträge, die für ihre Ersteller Probleme nach sich ziehen wenn der Inhalt zum Beispiel dem Arbeitgeber bekannt würde. Exemplarisch ein paar öffentliche Statusmeldungen, die Facebook-Nutzer ihren Arbeitsplatz kosten oder ihnen zumindest einige Schwierigkeiten bereiten könnten:

„Ich kann ein in mir aufsteigendes "Leck mich am A...." in ein hörbares "Ja, ja, Chef" umwandeln."

„Mein Chef hat heute Mittag zu mir gesagt, ich soll dem Azubi mal zeigen, was ich hier so den ganzen Tag mache... Seit heute Mittag ist er auch bei Facebook"

„Ich stehe jeden morgen um halb 6 auf, pendele anderthalb Stunden zu meinem beschissenen Job wo mein W...... von Chef erwartet das ich ihm den ganzen Tag die E... küsse"

„Wir haben einen neuen Chef. Als A........ noch beschönigt. Werde mir schnellstens eine andere Firma suchen"

Das Landesarbeitsgericht Hamm hat am 10. Oktober 2012 in einer Entscheidung die Kündigung eines Arbeitnehmers wegen Äußerungen auf Facebook für zulässig erklärt. Beleidigungen, die in Form und Inhalt eine erhebliche Ehrverletzung darstellen, sind demnach ein Verstoß eines Arbeitnehmers gegen seine Pflichten aus einem bestehenden Arbeitsverhältnis (Golem.de 2012).

Auf Basis der häufig öffentlich zugänglichen Profile, könnten Rückschlüsse auf die jeweilige Person gezogen werden. Kompromittierende Beiträge wie zum Beispiel Beschwerden über den Chef, Äußerungen zur eigenen Beziehung oder beleidigende Kommentare gegenüber anderen Nutzern hätten dann vielleicht Konsequenzen. Konsequenzen, die ursprünglich von den Verfassern sicher nicht gewünscht wurden. Und selbst wenn nicht jede Statusmeldung bei Facebook rechtliche

Folgen hat, möchten Sie, dass Ihr Vorgesetzter, Ihre Nachbarn oder Familienangehörige automatisiert darin herumstöbern?

Allgemeiner formuliert: Wäre es möglich, die tägliche Datenflut von 7,5 Millionen Fotos und 80 Millionen Kommentaren und Likes gezielt auszuwerten oder gilt an dieser Stelle das Prinzip der „Anonymity through Obscurity"?

Frei übersetzt bedeutet „Anonymity through Obscurity", dass alleine die Menge der betrachteten Daten Anonymität garantiert, obwohl die Inhalte selber nicht geschützt sind. Das dieser Ansatz vor professionellen und staatlichen Datensammlern keinen Schutz bietet, dessen ist sich jeder nach den Ereignissen rund um Edward Snowden und die NSA bewusst. Die Frage ist, gilt er zumindest noch für Auswertungsversuche normaler Internetnutzer ohne umfassende informationstechnologische Kenntnisse und technische Ressourcen? Ist zumindest sichergestellt, dass nicht ein Nachbar, der Arbeitgeber oder andere Personen anfangen, in größerem Umfang in den öffentlichen Daten der Facebook-Nutzer zu schnüffeln? Unter Betrachtung der im Internet zur Verfügung stehenden Dienste zum Sammeln, Filtern, Analysieren, Automatisieren und Verteilen wird deutlich, dass die Barriere löchrig wird. Verlässlicher Schutz vor neugierigen Nutzern ist auf keinen Fall mehr gewährleistet.

Es muss in diesem Zusammenhang aber darauf hingewiesen werden, dass die gezielte Sammlung personenbezogener Daten nach dem Bundesdatenschutzgesetz verboten ist, wenn keine schriftliche Einwilligung des Betroffenen vorliegt. Die technischen Voraussetzungen zur Überwachung werden aber immer besser, unabhängig davon, ob ihr Einsatz im einzelnen Fall rechtlich zulässig ist oder nicht. Der Fortschritt bei den Werkzeugen zur Sammlung, Kombination, Filterung, Analyse, Automatisierung und Verteilung von Inhalten im Netz wird es immer mehr Menschen ermöglichen, auf verfügbare Inhalte zuzugreifen. Selbst wenn juristische Hürden versuchen den Missbrauch zu verhindern. Facebook und andere Anbieter müssen noch einige Anstrengungen unternehmen, um den Datenschutz wirklich zu gewährleisten.

Und wir Nutzer müssen uns mit der Tatsache auseinandersetzen, dass es unmöglich ist, alle denkbaren Szenarien zur Sammlung von Daten im Internet vollständig zu kontrollieren. Je einfacher auf Inhalte im Netz zugegriffen werden kann, umso häufiger werden diese Zugriffe auch stattfinden. Um sich im Internet zu schützen, müssen zumindest die Mechanismen der einfachsten Angriffe auf persönliche Daten jedem klar sein. Wer diese Form der Angriffe abwehren kann, ist bereits etwas besser geschützt.

Die sicherste Lösung wäre, im Internet keine persönlichen Beiträge mehr zu veröffentlichen. Eric Schmidt kommentierte diesen Ansatz noch etwas weitreichender: *„If you have something that you don't want anyone to know, maybe you shouldn't be doing it in the first place"* (Bartiromo 2009)

Als Gesellschaft müssen wir aber verhindern die Schere im Kopf anzusetzen, nur weil wir befürchten, dass uns Freunde, Nachbarn, Kollegen und andere, die ein Interesse haben – begründet oder nicht –, mit simplen und allgemein zugänglichen technischen Lösungen ausspionieren. Es ist wichtig, dass wir uns immer wieder bewusst machen, wie angreifbar wir uns durch die unreflektierte Verbreitung persönlicher Informationen im Internet machen. Damit ist Erich Schmidt für mich zumindest in einem Punkt bestätigt: Privates ist nicht mehr in jedem Fall privat. Und das wird sich bis auf weiteres nicht mehr ändern.

Überwachung des digitalen Schattens

Hinweis:

Die folgende Auflistung erläutert Eckpunkte, wie eine automatische Überwachung des eigenen digitalen Schattens aufgebaut wird. Da unterschiedliche Quellen zur Verfügung stehen, kann es keine allgemein gültige Schritt-für-Schritt-Erläuterung sein. Zum Verständnis ist eine vorhergehende Einführung in die Nutzung von IFTTT erforderlich. Sollten Sie mit dem Werkzeug noch nicht vertraut sein, beachten Sie unbedingt das angegebene Tutorial.

Wenn Sie keine Überwachung des eigenen digitalen Schattens erstellen möchten, können Sie diesen Abschnitt auch überschlagen.

Berücksichtigen Sie bitte immer die Nutzungsbedingungen der Webseiten und verwenden Sie die erläuterten Techniken nur dort, wo ein Einverständnis der Betreiber vorliegt. Beachten Sie auf jeden Fall die gesetzlichen Vorgaben zum Datenschutz und zur Speicherung personenbezogener Daten.

Ziel:

Kontinuierliche Überwachung der Inhalte mit Bezug zur eigenen Person die im Internet veröffentlicht werden.

1. Quellen der Inhalte ermitteln

Die Überwachung der im Internet veröffentlichten Beiträge zur eigenen Person erscheint zunächst sehr aufwendig. Eigentlich muss dazu das gesamte Netz – oder zumindest soviel wie möglich – regelmäßig auf Inhalte zur eigenen Person überprüft werden.

Zum Glück existieren Werkzeuge, die wesentliche Teile dieser Überwachung bereits erledigen – Suchmaschinen. Um die Inhalte zur eigenen Person im Netz im Auge zu behalten, muss nur eine der großen Suchmaschinen als Lieferant für passende Inhalte eingesetzt werden.

Ausgangspunkt ist eine möglichst präzise Suche zur eigenen Person. Mit den erweiterten Optionen, zum Beispiel Ausschluss von Begriffen aus der Suche und gezielten Wortkombinationen durch Anführungszeichen, passen Sie die Suche genau auf Ihre Person an.

Wenn Sie Bing als Suchmaschine verwenden, gehen Sie zu Arbeitsschritt 2. Wenn Sie Google als Suchmaschine verwenden, gehen Sie zu Arbeitsschritt 3.

2. Ausgabe der Ergebnisse für Bing

Bing stellt mit einem einfachen Zusatz zu der URL einer Suche auch die zugehörige RSS-Ausgabe der Ergebnisse zur Verfügung. Die URL muss dafür nur um den folgenden Ausdruck ergänzt werden:

&format=rss&count=50

Der Parameter Count bestimmt die maximal zurückgegebene Trefferzahl. Aktuell erlaubt Bing 50 RSS-Einträge zu jeder ausgeführten Suche. Das Ergebnis steht direkt als RSS-Feed zur Verfügung. Gehen Sie dann zu Arbeitsschritt 4.

3. Aufbereitung der Ergebnisse für Google

Google kann ebenfalls zur Überwachung genutzt werden, obwohl dort keine RSS-Ausgabe existiert. Verwenden Sie dazu die Funktion „Alerts". Sie benötigen nur ein Google Konto und eine speziell für die Ergebnisse eingerichtete E-Mail-Adresse bei Googles E-Mail-Dienst Gmail.

Zu Ihrer individuellen Suche erstellen Sie dann einen Google-Alert, der bei neuen Suchergebnissen eine E-Mail an das Gmail-Konto schickt. Gehen Sie dann zu Arbeitsschritt 5.

4. Automatische Abfrage der Inhalte für Bing

Öffnen Sie IFTTT und erstellen Sie mit „Create" ein neues Rezept. Unter der Auswahl des auslösenden Kanals (Trigger Channel) wählen Sie „Feed". Im Eingabefeld fügen Sie die ergänzte Bing-URL ihrer Suche ein.

Als „Action" wählen Sie die Aktion aus, die ausgeführt wird, sobald Bing einen neuen Inhalt zu den von Ihnen vorgegebenen Suchkriterien liefert. Zum Beispiel können Sie sich eine SMS oder E-Mail senden lassen oder eine Nachricht mit den Diensten Pushover oder Boxcar auf Ihr Smartphone schicken.

5. Automatische Abfrage der Inhalte für Google

Öffnen Sie IFTTT und erstellen Sie mit „Create" ein neues Rezept. Unter der Auswahl des auslösenden Kanals (Trigger Channel) wählen Sie „Gmail" und wählen als Trigger „Any new email".

Als „Action" wählen Sie die Aktion aus, die ausgeführt wird, sobald Google einen neuen Inhalt zu den von Ihnen vorgegebenen Suchkriterien findet. Zum Beispiel können Sie sich eine SMS oder E-Mail senden lassen, oder eine Nachricht mit den Diensten Pushover oder Boxcar auf Ihr Smartphone schicken.

Anmerkung:

Der vorgestellte Ablauf lässt sich natürlich auch für andere Zwecke einsetzen. Sämtliche Inhalte nach denen Sie regelmäßig im Netz suchen können auf diesem Weg ausgewertet werden. Das umfasst Nachrichten zu einem Unternehmen, Produkten und Dienstleistungen und vielem mehr. Beachten Sie immer die Nutzungsbedingungen der jeweiligen Datenquelle und Dienste.

Die nächste Delle im Netz

Schläft hier jemand?

Das Internet hat seit seiner Erfindung in den sechziger Jahren des vergangenen Jahrhunderts einen weiten Weg zurückgelegt. Ausgehend von dem Verbund aus Forschungsrechnern amerikanischer Universitäten entwickelte es sich über ein Kommunikationsmedium von Computerfreaks zur weltweiten Informationsplattform. Die Ideen von Timothy Berners-Lee machten es möglich, dass uns heute ein Medium zum Austausch von Informationen aller Art weltweit zur Verfügung steht.

Egal ob die Zahl der Nutzer, die Summe mit dem Internet verbundener Geräte, die Anzahl weltweit verfügbarer Webseiten, der Umfang erzeugter und gespeicherter Daten oder die Menge der ausgetauschten Inhalte: In allen Punkten hat das

Internet in den letzten zwanzig Jahren ein beein-
druckendes Wachstum gezeigt und jedes Jahr
neue Größenordnungen erreicht. Bei jedem neu-
en Rekord haben die Inhalte des Netzes einen besonderen Stellenwert. Die Betonung liegt dabei
auf dem Wert. Denn wer die Inhalte im Netz geschickt nutzt, ist gegenüber anderen im Vorteil.
Nicht zuletzt finanziell.

Erfahrene Anwender erzielen einen finanziellen
Gewinn von bis zu 1.400 € pro Jahr, wenn sie die
Inhalte des Netzes nutzen, um besser informiert
zu sein als andere.

Bis dahin war es ein weiter Weg. Ausgehend von
dem Web 1.0 – dem Web of Documents –, über
das Web 2.0 – dem Web of Content – bis zum vor
uns liegenden Web 3.0 – dem Web of Data –
konnte man bisher alle zehn Jahre gravierende
Umbrüche im Internet beobachten. Mit dem Web
3.0 erleben wir aktuell den nächsten Umbruch.
Viele sehen darin noch das standardisierte Web
3.0, in dem allgemein gültige Vorgaben die automatisierte Nutzung der Inhalte des Netzes ermöglichen. Diese Entwicklung wird nicht eintreten. Das standardisierte semantische Netz ist tot.
Es lebe das individuelle semantische Netz, indem
Inhalte durch jeden Nutzer nach eigenen Kriterien verbunden und gemixt werden. Einige der
dafür erforderlichen Werkzeuge existieren schon
länger. Andere entwickeln sich gerade. Allen ist

gemein, dass sie für jeden verfügbar und einfach zu bedienen sind. In den kommenden Jahren werden sie sich weiter verbessern, noch einfacher zu bedienen sein und bei der Nutzung des Internets eine immer größere Bedeutung gewinnen. Der Grund dafür ist, dass durch Sammlung, Kombination, Filterung, Analyse, Automatisierung und mobilen Zugriff auf die Inhalte, eine individuelle Nutzung des Internets möglich wird, wie sie bisher nicht existierte. Überall dort, wo das Netz keine zu den individuellen Informationsbedürfnissen seiner Nutzer passenden Dienste bereithält, werden wir in Zukunft eigenen Lösungen bauen. Und es werden umso mehr individuelle Lösungen entstehen, je einfacher deren Entwicklung ist. Bereits heute ist dafür kein umfangreiches technisches Wissen mehr erforderlich. Der technische Fortschritt wird diese Entwicklung nochmals beschleunigen. Individuell zusammengestellte Inhalte verändern unsere Nutzung des Internets. Wir stehen mit den vorgestellten Techniken zur automatischen Suche, der gezielten Verarbeitung und eigenständigen Reaktion des Netzes erst am Anfang der Entwicklung des Internets, das für uns mitdenkt.

Auch werden immer mehr Geräte einen direkten Zugang zum Internet erhalten. Die reale Welt und ihre Abläufe digitalisieren sich zunehmend. Das Internet der Dinge wird für noch mehr Inhalte sorgen, die potenziell verarbeitet werden können. Autos, Konsumgüter, Hauselektrik, Medizintechnik, Kleidungsstücke und viele Geräte mehr produzieren in naher Zukunft Inhalte für und über uns. Ob wir damit einverstanden sind oder nicht, die Entwicklung ist nicht aufzuhalten.

Irgendwann zwischen dem 1. Januar 2008 und dem 31. Dezember 2009 waren erstmals mehr Geräte mit dem Internet verbunden, als Menschen auf unserem Planeten leben. Im Jahr 2010 betrug ihre Zahl geschätzte 12,5 Milliarden internetfähiger Geräte. Für 2015 rechnen Experten mit 20 Milliarden und für 2020 mit 50 Milliarden über das Netz kommunizierender Geräte (Evans 2011).

Einfach zu erstellende individuelle Lösungen werden die herkömmlichen Wege zum Zugriff auf die Inhalte des Netzes dann zwangsläufig ergänzen müssen. Nicht für alles und jedes wird eine individuelle App existieren. Nicht für alle denkbaren Informationsbedürfnisse wird jemand ein Angebot im Netz bereitstellen. Deshalb ist es entscheidend, dass jeder Internetnutzer in die Lage versetzt wird, auf die Inhalte des Internets individuell zuzugreifen. Die Automatisierung unseres Lebens auf Basis von Inhalten aus dem Netz wird eine Bedeutung erlangen, die heute noch nicht in Ansätzen vorstellbar ist. Das Unternehmen, das die erforderliche Infrastruktur bereitstellt, wird das nächste Google.

Zwei Typen von Unternehmen haben gute Chancen, in dem sich bildenden Markt verlorenen Boden gut zu machen: die Anbieter von Inhalten und die Betreiber der Netzinfrastruktur. Warum Verlage, Medien- und Telekommunikationsunternehmen diese Chance nicht nutzen, ist unverständlich. Anstatt den Markt zu erschließen und weiter zu entwickeln, rufen sie nach juristischen Hürden wie dem Leistungsschutzrecht oder einer Einschränkung der Netzneutralität. Dabei verfügen gerade Unternehmen aus den genannten Branchen bereits über wesentliche Fähigkeiten, um eine praktikable und integrierte Lösung für uns Nutzer zu schaffen.

Für Verlage und Medienunternehmen liegt die Chance darin, ein Geschäftsmodell zu entwickeln, das auf ihrer ursprünglichen Kernkompetenz redaktionell aufbereiteter Inhalte beruht. Seit langem wäre es für sie wieder möglich, signifikante Einnahmen zu generieren, die nicht auf Werbung basieren. Eine Positionierung als Navigator im Dschungel des Netzes, der neben dem Inhalt auch die Software zu dessen Aufbereitung und individueller Nutzung bereitstellt, würde einen echten Mehrwert bieten. Der Vorteil von Verlagen und Medienunternehmen liegt darin, dass sie in der redaktionellen Aufbereitung von Inhalten Zuhause sind.

Das ist immer noch ihr eigentliches Kerngeschäft – oder sollte es zumindest sein. Sie sollten daher ein Gespür dafür haben, wie die wertvollen Inhalte aus dem Netz verwendet werden könnten.

Aber auch Telekommunikationsunternehmen könnten den entstehenden Markt entscheidend prägen. Heute sind sie als Anbieter der Netzinfrastruktur nahezu austauschbar. Eigene Lösungen zur individuellen Nutzung des Internets würden einen Ansatz bieten, die Wechselbereitschaft ihrer Kunden zu reduzieren. Damit gingen sie direkt das Kernproblem an, dem sie heute gegenüberstehen. Dem Wettbewerb um Flatrates oder Bandbreite, den kein Anbieter gewinnen kann, wäre etwas entgegengesetzt. Weiterhin könnten individuelle Dienste mit den eigenen Endgeräten gebündelt werden. Das würde die Position gegenüber den dominierenden Herstellern von Smartphones und Tablets verbessern. Telekommunikationsanbieter haben die Chance, in ihrem Netz das „Betriebssystem" des individuellen Web 3.0 zu entwickeln. Das wäre eine Stärkung ihrer Marktposition, die nicht unterschätzt werden darf. Und das ganz ohne Proteste wie bei der geplanten – und aktuell wieder abgesagten – Drosselung der Netzgeschwindigkeit. Der Vorteil der großen Netzbetreiber ist: Sie sind organisatorisch in der Lage, die benötigten Lösungen mit hoher Geschwindigkeit zu entwickeln, und verfügen meistens über eigene IT-

Dienstleister, die mit entsprechendem Know-how die benötigten Angebote realisieren können.

Wo ist der Markt und wer bezahlt?

Eines ist sicher: Unternehmen, denen es gelingt, eine Infrastruktur zur Sammlung, Verarbeitung, Auswertung und Verteilung von Inhalten im Internet zu etablieren, werden stark wachsen. Alleine IFTTT beobachtete im zweiten Halbjahr 2011 einen Anstieg der mit ihrem System erstellten Lösungen um mehr als 500 Prozent (IFTTT 2011). Das Modell der Infrastruktur-Anbieter ist sowohl aus Kosten-, wie auch aus einer Umsatzbetrachtung attraktiv. Es erlaubt den Unternehmen, sich auf die Weiterentwicklung zentraler Dienste, zum Beispiel zum Auslesen von Webseiten und zur Verknüpfung von Inhalten, zu beschränken. Der Aufwand für deren Entwicklung, Betrieb und Wartung ist deutlich geringer als die Bereitstellung individueller fachlicher Angebote für einen nahezu unbegrenzten Informationsbedarf der Internetnutzer. Den potenziellen Kunden – jeder Nutzer, der mehr Wert aus den Inhalten des Internet gewinnen will –, werden die Ideen zur Verwertung so schnell nicht ausgehen. Und bei echtem Nutzen sind wir bereit, für die zughörigen Dienste zu bezahlen. Alleine die automatische Zustellung von Reisegutscheinen hat mir im Jahr 2013 mehr als 400 € bei der Buchung von Hotelzimmern gespart. Da würden ein paar Euro Nutzungsgebühren für die zugehörigen Dienste nicht ins Gewicht fallen. Natürlich nutze ich die Angebote aktuell gerne, ohne dafür bezahlen zu müssen. Aber ich wäre auch bereit dazu. Das Risikokapital, das aktuell in Unternehmen wie IFTTT fließt, bestätigt, dass zumindest ein paar Investoren die Chance erkennen.

Und es spricht auch nichts dagegen, in naher Zukunft neue Geschäftsmodelle der Zusammenarbeit zwischen den Anbietern der Infrastruktur und den Nutzer aufzubauen. Wer clevere Lösung mit den neuen Werkzeugen entwickelt, könnte diese zusammen mit den Anbietern der Infrastruktur vermarkten. Vielleicht entsteht daraus ein ganz neues System von Angeboten rund um die individuelle Automatisierung des täglichen Lebens, vergleichbar mit der Einführung von App-Stores vor wenigen Jahren. Auch damals wurde in Verbindung mit Smartphones und Tablets ein Markt geschaffen, der vorher nicht existierte. Warum sollte das nicht ein weiteres Mal mit „inhaltlichen Lösungen" gelingen? Michael Saylor beschreibt in seinem Buch „The Mobile Wave", das neue Technologien nicht zwangsläufig bestehende ersetzen. Vielmehr erzeugen sie bisher nicht erwartete neue Lösungen (Saylor 2012).

Wenn die individuelle Nutzung der Inhalte des Netzes in einfacher Form jedem zur Verfügung steht, werden wir genau diese neuen Lösungen sehen.

Aber es bestehen Risiken. Die alten und neuen Werkzeuge mit denen MehrWert aus dem Netz gewonnen wird, können sich auch gegen uns wenden. Es ist wie mit vielen Dingen. Erst die Form des Einsatzes entscheidet über eine sinnvolle oder fragwürdige Nutzung. Wir haben noch kein gemeinsames Verständnis darüber, wie die sinnvolle Nutzung aussieht und wo von allen akzeptierte Grenzen liegen. Es wird noch einige Zeit vergehen, bis diese definiert sind.

Bis dahin bleibt die Zeit aber nicht stehen. Die in diesem Buch aufgeführten Dienste werden mit Sicherheit genutzt, um das Internet für uns recherchieren und arbeiten zu lassen. Wir überwachen automatisch Finanzmärkte, um unsere Investitionsentscheidungen zu verbessern; wir beobachten die Entwicklung von Preisen, um ein Schnäppchen für uns zu sichern; wir sammeln Inhalte im Netz, um Fragen zu klären, auf die das Internet direkt keine Antworten liefert; wir automatisieren wiederkehrende Arbeiten in unserem täglichen Leben und vieles mehr. Achten wir bis dahin selber darauf, die Werkzeuge clever und im zulässigen Rahmen einzusetzen.

Auch ist noch nicht klar erkennbar, wer am Ende die neuen Lösungen entwickeln und vermarkten wird. Eines aber ist sicher: Anbieter und Konsumenten von Inhalten werden sich auf ein neues Geschäftsmodell einigen müssen, das Inhalte des Netzes fair bezahlt.

Nehmen Sie mich als Autor. Ich habe ein Interesse daran, dass meine Arbeiten nicht kostenfrei verbreitet werden. Schließlich steckt in ihnen eine Menge Zeit und Engagement. Alleine die Arbeiten an diesem Buch haben einige Zeit in Anspruch genommen. Wenn Sie es bis hierhin gelesen und – woher auch immer – kostenfrei erhalten haben, so bitte ich Sie, es nachträglich zu erwerben. Vielleicht ist das ein erster Kompromiss: Den Vorgang der Nutzung und Bezahlung bei Inhalten aus dem Internet einfach umzudrehen. Das erfordert Vertrauen auf der Seite der Erzeuger und Ehrlichkeit auf der Seite der Nutzer.

Literatur

Accenture, 2011. Mobile Web Watch 2011, Available at:
http://www.accenture.com/SiteCollectionDocu
ments/Local_Germany/PDF/Accenture-Studie-
Mobile-Web-Watch-2011.pdf.

Accenture, 2012. The 2012 Accenture Consumer
Electronics Products and Services Usage Report,
Available at:
http://www.accenture.com/SiteCollectionDocu
ments/PDF/Accenture_EHT_Research_2012_Co
nsumer_Technology_Report.pdf.

ACSI, 2012. Facebook Plummets; Google+ Strong
in American Customer Satisfaction Index. American Customer Satisfaction Index. Available at:
http://www.theacsi.org/media-resources/press-
release-july-2012 [Accessed August 9, 2013].

Angwin, J. & Stecklow, S., 2010. "Scrapers" Dig Deep for Data on Web. The Wall Street Journal. Available at: http://online.wsj.com/article/SB10001424052748 703358504575544381288117888.html# [Accessed January 3, 2013].

Apple Inc., 2010. Apple Announces iPad, Available at: https://itunes.apple.com/de/podcast/apple-keynotes/id275834665#.

Bartiromo, M., 2009. Google's Privacy. Available at: http://video.cnbc.com/gallery/?play=1&video= 1372176413.

Battelle, J., 2005. The Search: How Google and Its Rivals Rewrote the Rules of Business and Transformed Our Culture, Portfolio.

Baye, M.R., Morgan, J. & Scholten, P., 2003. The Value of Information in an Online Consumer Electronics Market. Journal of Public Policy Marketing, 22(1), pp.17–25. Available at: http://www.atypon-link.com/AMA/doi/abs/10.1509/jppm.22.1.17.1 7625.

Berners-Lee, T., Hendler, J. & Lassila, O., 2001. The Semantic Web. Scientific American, 284(5), pp.34–43. Available at: http://www.nature.com/doifinder/10.1038/scientificamerican0501-34 [Accessed October 14, 2012].

Berz, S., 2012. Das kommt davon, wenn Millionen von Social Media Experten predigen, Unternehmen sollten bei Twitter und Facebook zuhören. Twitter. Available at: https://twitter.com/paulinepauline/status/210649978975166464.

Bilton, N., 2012. Internet Pirates Will Always Win. The New York Times. Available at: https://www.nytimes.com/2012/08/05/sunday-review/internet-pirates-will-always-win.html [Accessed January 23, 2013].

Cachelin, J.L., 2012. HRM Trend Studie 2012, St. Gallen. Available at: http://www.wissensfabrik.ch/downloads/Erzeugnisse_Studien/hrm_studie_150dpi_Screen.pdf.

Carlson, C.N., 2003. Information Overload , Retrieval Strategies and Internet User Empowerment. In L. Haddon, ed. The Good, the Bad and the Irrelevant (COST 269). Helsinki (Finland): Media Lab UIAH, pp. 169–173. Available at: http://hdl.handle.net/10760/5432.

Carna, 2013. Internet Census 2012. Available at: http://internetcensus2012.bitbucket.org/paper.h tml [Accessed March 22, 2013].

Cisco, 2013. Cisco Visual Networking Index. Available at: http://www.cisco.com/en/US/solutions/collate ral/ns341/ns525/ns537/ns705/ns827/white_pap er_c11-481360.pdf [Accessed July 24, 2013].

Colvile, R., 2013. Eric Schmidt interview: "You have to fight for your privacy or you will lose it." The Telegraph. Available at: http://www.telegraph.co.uk/technology/eric-schmidt/10076175/Eric-Schmidt-interview-You-have-to-fight-for-your-privacy-or-you-will-lose-it.html [Accessed October 7, 2013].

ComScore, 2012. 2012 Mobile Future in Focus,

DiNucci, D., 1999. Fragmented Future. Print, 53(4), p.32ff. Available at: http://darcyd.com/fragmented_future.pdf.

Dittmann, M., 2011. Bundesgerichtshof zum Screen Scraping: Auslesen von Datenbanken durch Bots. Available at: http://www.onlinelaw.de/de/aktuelles/it_news .php?we_objectID=300&pid=0 [Accessed August 19, 2013].

Downes, S., 2007. Why the Semantic Web Will Fail. Half an Hour. Available at: http://halfanhour.blogspot.de/2007/03/why-semantic-web-will-fail.html [Accessed November 15, 2012].

Evans, D., 2011. The Internet of Things - How the Next Evolution of the Internet Is Changing Everything, Available at: http://www.cisco.com/web/about/ac79/docs/innov/IoT_IBSG_0411FINAL.pdf.

Facebook, 2012. Facebook Nutzungsbedingungen. Available at: https://www.facebook.com/legal/terms [Accessed June 20, 2013].

Forrest, C. (2014). How Kimono Labs can turn any website into an API. TechRepublic. Retrieved July 05, 2014, from http://www.techrepublic.com/article/how-kimono-labs-can-turn-any-website-into-an-api/

Frucci, A., 2010. 8 Things That Suck About the iPad. Gizmodo. Available at: http://gizmodo.com/5458382/8-things-that-suck-about-the-ipad [Accessed May 31, 2013].

Gansky, L., 2010. The Mesh: Why the Future of Business Is Sharing, Portfolio Hardcover.

Gantz, J.F. et al., 2007. The Expanding Digital Universe,

Gantz, J.F. & Reinsel, D., 2011. Extracting Value from Chaos. IDC iView, (June), pp.1–12. Available at: http://idcdocserv.com/1142.

Golem.de, 2012. Entlassung wegen Facebook-Äußerungen ist rechtens. Golem.de. Available at: http://www.golem.de/news/landesarbeitsgeric ht-hamm-entlassung-wegen-facebook-aeusserungen-ist-rechtens-1301-96930.html [Accessed November 2, 2013].

Google, 2012a. Google Datenschutzerklärung. Available at: https://www.google.de/intl/de/policies/privac y/ [Accessed June 20, 2013].

Google, 2012b. Google Nutzungsbedingungen. Available at: https://www.google.de/intl/de/policies/terms /regional.html [Accessed June 20, 2013].

Google, 2012c. Unser mobiler Planet: Deutschland Der mobile Nutzer, Available at: http://services.google.com/fh/files/blogs/our_ mobile_planet_germany_de.pdf.

Gray, I.A., 2013. Welcome to Twools– RSS Feeds for Twitter and more! iag.me. Available at: http://iag.me/twools/ [Accessed August 16, 2013].

Greif, B., 2011. Jeder zweite deutsche Internetnutzer ist Mitglied bei Facebook. ZDNet. Available at: http://www.zdnet.de/41558119/jeder-zweite-deutsche-internetnutzer-ist-mitglied-bei-facebook/ [Accessed August 9, 2013].

Hammell, R. et al., 2011. Unlocking growth How open data creates new opportunities for the UK, Available at: http://www.deloitte.com/assets/Dcom-UnitedKingdom/Local Assets/Documents/Market insights/Deloitte Analytics/uk-mi-da-unlocking-growth.pdf.

Hay, D., 2010. Web 3 . 0 demystified□: An explanation in pictures. Technorati, pp.10–12. Available at: http://technorati.com/technology/article/web-30-demystified-an-explanation-in/ [Accessed October 9, 2012].

Heidemann, J. et al., 2008. Census and survey of the visible internet. Proceedings of the 8th ACM SIGCOMM conference on Internet measurement conference IMC 08, p.169. Available at: http://portal.acm.org/citation.cfm?doid=1452520.1452542.

Hornung, P. & Webermann, J., 2012. Was hat die Schufa mit Facebook vor? NDR Info. Available at: http://www.ndr.de/ratgeber/netzwelt/schufa1 21.html [Accessed February 27, 2013].

IAB Europe, 2010. Consumers driving the digital uptake, Available at: http://iabeurope.eu/media/39559/whitepaper _consumerdrivingdigitaluptake_final.pdf.

IDC, 2013. Tablet Shipments Soar to Record Levels During Strong Holiday Quarter, Available at: http://www.idc.com/getdoc.jsp?containerId=pr US23926713#.UQqxL79EF16.

IFTTT, 2011. ifttt one year in. IFTTT Blog. Available at: http://blog.ifttt.com/post/14219635005/ifttt-one-year-in [Accessed October 31, 2013].

IFTTT, 2012. Upcoming changes to Twitter Triggers. Available at: http://updates.ifttt.com/post/31945038639/upc oming-changes-to-twitter-triggers [Accessed June 21, 2013].

Infas Geodaten, 2013. Mikrogeographische Daten. Available at: http://www.infas-geodaten.de/index.php?id=52 [Accessed June 24, 2013].

Internet World Stats, 2012. Internet Growth Statistics. Available at: http://www.internetworldstats.com/emarketing.htm [Accessed October 15, 2012].

Interrogare, 2012. Digitale Mediennutzung im Zeitalter von Tablets, Smartphones und Apps, Available at: http://www.interrogare.de/news/news-detailansicht/trendstudie-2012-smartphones-und-tablets-dominieren-die-private-mediennutzung-apps-bevorzugt/da3452c23f29844a70a7897ffb5feb0c/.

Kirkpatrick, M., 2010. How Yahoo's Latest Acquisition Stole & Broke My Heart. www.readwrite.com. Available at: http://readwrite.com/2010/10/15/when [Accessed December 7, 2012].

Klessmann, J. et al., 2012. Open Government Data Deutschland,

Kobie, N., 2010. Q&A: Conrad Wolfram on communicating with apps in Web 3.0. IT PRO. Available at: http://www.itpro.co.uk/621535/q-a-conrad-wolfram-on-communicating-with-apps-in-web-3-0 [Accessed October 25, 2012].

Kuittinen, T., 2012. Apple is getting pushed around by WhatsApp. BGR. Available at: http://bgr.com/2012/10/23/apple-imessage-analysis-whatsapp/ [Accessed August 9, 2013].

Kulka, R., 2011. Web.de-Studie: Marktanteile der Webmail-Dienste – GMX toppt sie alle …. Available at: http://www.optivo.de/campfire/web-de-studie-marktanteile-der-webmail-dienste-gmx-toppt-sie-alle/ [Accessed August 9, 2013].

Kunder, M. de, 2013. The size of the World Wide Web. Available at: http://www.worldwidewebsize.com [Accessed February 3, 2013].

Lawler, R., 2012. Apple iPad sales topped 100 million two weeks ago. engadget. Available at: http://www.engadget.com/2012/10/23/apple-ipad-sales-100-million/ [Accessed May 31, 2013].

Matzat, L., 2013. Konsequent: Kein Open Data-Portal im Bund. NETZPOLITIK.ORG. Available at: https://netzpolitik.org/2013/konsequent-kein-open-data-portal-im-bund/ [Accessed August 15, 2013].

Max-Planck-Institut für Immaterialgüter- und Wettbewerbsrecht, 2012. Stellungnahme zum Gesetzesentwurf für eine Ergänzung des Urheberrechtsgesetzes durch ein Leistungsschutzrecht für Verleger, Available at: http://www.ip.mpg.de/files/pdf2/Stellungnahme_zum_Leistungsschutzrecht_fuer_Verleger.pdf.

McHugh, J., 2007. Should Web Giants Let Startups Use the Information They Have About You? www.wired.com. Available at: http://www.wired.com/techbiz/media/magazine/16-01/ff_scraping?currentPage=all [Accessed December 7, 2012].

Medick, V. & Reißmann, O., 2012. Schufa-Plan: Minister wollen Facebook-Schnüffelei stoppen. Spiegel Online. Available at: http://www.spiegel.de/netzwelt/netzpolitik/facebook-politiker-wollen-plaene-der-schufa-stoppen-a-837525.html [Accessed June 24, 2013].

Newark-French, C., 2012. Mobile App Usage Further Dominates Web, Spurred by Facebook. blog.flurry.com. Available at: http://blog.flurry.com/bid/80241/Mobile-App-Usage-Further-Dominates-Web-Spurred-by-Facebook [Accessed January 13, 2013].

Palmer, S.B. & Berners-Lee, T., 2001. Enquire Manual — In HyperText. Available at: http://infomesh.net/2001/enquire/manual/#editorial [Accessed April 1, 2013].

Peers, M., 2009. Apple's Hard-to-Swallow Tablet. The Wall Street Journal. Available at: http://online.wsj.com/article/SB10001424052748703510304574626213985068436.html.

Petrie, C. & Agarwal, S., 2012. An Alternative to the Top-Down Semantic Web of Services. IEEE Internet Computing, 16(5), pp.94–97. Available at: http://www-cdr.stanford.edu/~petrie/online/peer2peer/semanticscripts.pdf.

Plesu, A., 2005. How Big Is the Internet? Softpedia. Available at: http://news.softpedia.com/news/How-Big-Is-the-Internet-10177.shtml [Accessed February 3, 2013].

Pogue, D., 2010. The Apple iPad: First Impressions. The New York Times, p.2. Available at: http://pogue.blogs.nytimes.com/2010/01/27/the-apple-ipad-first-impressions/ [Accessed May 31, 2013].

Reinbold, F., 2012. Lobbyaktion: Google startet Kampagne gegen Leistungsschutzrecht. Spiegel Online. Available at: http://www.spiegel.de/netzwelt/netzpolitik/go ogle-startet-kampagne-gegen-leistungsschutzrecht-a-869443.html [Accessed June 6, 2013].

Reißmann, O., 2012. Neue Regeln: Twitter verstärkt App-Kontrolle. Spiegel Online. Available at: http://www.spiegel.de/netzwelt/web/neue-api-regeln-twitter-verstaerkt-app-kontrolle-a-850564.html [Accessed February 17, 2013].

Robertson, J., 2010. Apple's iPad success is causing PC market pain. Associated Press. Available at: http://www.nbcnews.com/id/39660904/ns/tec hnology_and_science-tech_and_gadgets/t/apples-ipad-success-causing-pc-market-pain/ [Accessed May 31, 2013].

Rubin, J., 2009. Tim Berners-Lee on the Future of His Invention. ON Magazine, (Issue No. 4). Available at: http://www.emc.com/leadership/features/bern ers-lee.htm.

Saylor, M., 2012. The Mobile Wave: How Mobile Intelligence Will Change Everything, Vanguard Press.

Shir, E., 2006. Dapper – Unleash your creativity. Dapper Blog. Available at: http://dapper.wordpress.com/2006/06/23/dapper-unleash-your-creativity/#comments [Accessed April 11, 2013].

Shir, E., 2010. Why Did we sell Dapper to Yahoo? http://shir.posterous.com. Available at: http://shir.posterous.com/why-did-we-sell-dapper-to-yahoo [Accessed December 7, 2012].

Sick, B. (2005). Der antastbare Name. KOLUMNEN.DE. Retrieved June 20, 2014, from http://kolumnen.de/kolumnen/sick/sick-210605.html

Siegel, D., 2010. Pull—the Power of Semantic Web to Transform your Business, New York, NY: Portofolio, Penguin Publishing Group.

Sippey, M., 2012. Changes coming in Version 1.1 of the Twitter API. Available at: https://dev.twitter.com/blog/changes-coming-to-twitter-api [Accessed June 21, 2013].

Stiftung Warentest, 2010. Online-Buchung oder
Reisebüro. Available at:
http://www.test.de/Reisen-Die-schoenste-Zeit-
des-Jahres-1544406-1546447/ [Accessed March
29, 2013].

Strickland, J., How Web 3.0 Will Work.
howstuffworks. Available at:
http://computer.howstuffworks.com/web-
302.htm [Accessed October 25, 2012].

Taylor, M., 2010. iPad Reviews: the Morning-
After Edition. The Wall Street Journal. Available
at:
http://blogs.wsj.com/digits/2010/01/28/ipad-
reviews-the-morning-after-edition [Accessed
May 31, 2013].

Teevs, C., 2012. Kreditwürdigkeit: Schufa will Facebook-Nutzer durchleuchten. Spiegel Online.

Thomas, O., 2012. PEAK SEARCH: Why The
Google Era May Be Over.
www.businessinsider.com. Available at:
http://www.businessinsider.com/peak-search-
google-search-query-decline-2012-10 [Accessed
November 11, 2012].

Tibbets, L., 2010. ifttt the beginning... IFTTT Blog.
Available at:
http://blog.ifttt.com/post/2316021241/ifttt-the-
beginning [Accessed January 17, 2013].

Website-Monitoring.com, 2012. Facebook 2012 – Facts and Figures. Available at: http://www.supermonitoring.com/blog/2012/10/19/facebook-2012-facts-and-figures-infographic/ [Accessed October 7, 2013].

Wolf, G., 1995. The Curse of Xanadu. Wired Magazine, 3(6), p.3.06. Available at: http://www.wired.com/wired/archive/3.06/xanadu.html.

Wright, R., 1997. THE MAN WHO INVENTED THE WEB. Time Magazin, 149(20), pp.10–15. Available at: http://teaching.cs.uml.edu/~heines/91.513/91.513-2000-01s/resources/tim_berners-lee/time_the_man_who_invented_the_web.htm.

Yeung, E., 2010. An Interview with Lisa Gansky – The Art of Business Sharing and Building Strategic Partnership. BizTechDay. Available at: http://www.biztechday.com/lisa-gansky-mesh-strategic-partnership-business-of-sharing/ [Accessed February 23, 2013].

Ziegler, P.-M., 2010. Easyjet unterliegt in Screen-Scraping-Rechtsstreit. heise online, p.1. Available at: http://www.heise.de/newsticker/meldung/Easyjet-unterliegt-in-Screen-Scraping-Rechtsstreit-1101397.html.

Zulla, H., 2012. Habe meine weniger vermögenden Kontakte in Xing, Facebook und G+
entfernt. Die #Schufa kann kommen. Twitter.
Available at:
https://twitter.com/hzulla/status/210622030154
969089.

www.ingramcontent.com/pod-product-compliance
Lightning Source LLC
Chambersburg PA
CBHW071149050326
40689CB00011B/2035